Dynamische Tritte

George Chung/Cynthia Rothrock

Dynamische Tritte in Perfektion

Übersetzt von
Dr. Till Louis Schreiber
und
Maurice Schreiber

Inhalt

Widmung

Dieses Buch ist meiner Mutter, Joy Markowski, und meinem Vater, dem leider verstorbenen Edward Markowski, gewidmet, die mich geliebt, unterstützt und immer an mich geglaubt haben. Ich liebe Euch.
Cynthia

Dieses Buch ist meiner Familie gewidmet, insbesondere meiner Mutter, Yuri Saito, die mir als Kind gesagt hat, ich könne alles auf dieser Welt erreichen, wenn ich nur wollte und nicht aufhörte zu träumen.
George

Danksagung

Seit wir begonnen haben, uns mit den Kampfkünsten zu beschäftigen, sind wir vielen Persönlichkeiten begegnet, die uns unterrichtet, beeinflußt und umsorgt haben. Beim Schreiben dieses Buches haben wir ihr Wissen und ihre Lehren immer vor Augen gehabt und möchten ihnen nun für ihre Zuneigung und Großzügigkeit danken, gleichzeitig aber auch ihre Einzigartigkeit hervorheben: Ernie Reyes, Shum Leung, Roger Tung, Hee Il Cho, Anthony Chan, Frank Trojanowicz, Toshihiro Oshiro, Remy Presas und Dan K. Choi.
Ganz besonders möchten wir Dr. H. N. MacKinnon für seine uneigennützigen Ratschläge danken, die er uns für das Kapitel „Dehn- und Aufwärmübungen" zuteil werden ließ.
Schließlich sei noch allen unseren Schülern in der „America's Best Martial Arts Academy" in Los Gatos, Kalifornien, und in der „Harker Academy" in San José für ihre Unterstützung, Treue und Freundschaft gedankt, und dafür, daß sie beim Streben nach Vervollkommnung immer Charakter bewiesen haben.

Die Autoren

George Chung, der seinen Schwarzgurt bereits im Alter von 15 Jahren verliehen bekam, ist unter anderem dafür bekannt, musikalische Formen in die Kampfkünste eingebracht zu haben. Er war dreimal Sieger beim „Battle of Atlanta", dreimal beim „LAMA National" in Chikago, zweimal beim „Mid-American Diamond National" und gewann je einmal die „U.S. Open", das „PKA National", die „NKC" und das „Fort Worth Pro Am".

Chung hat oft die Grenzen des Taekwondo, seiner ursprünglich erlernten Kampfkunst, überschritten und errang bei zahlreichen nationalen Wettkämpfen auch Titel im Kung-Fu, im japanischen Karate, im Okinawa-Karate und im Kempo-Karate. Als Experte für Taekwondo, Karate, Wushu, Kung-Fu und die traditionellen Waffen des Okinawa-Kobudo leitete er viele Seminare in ganz Nordamerika.

Die Zeitschrift KARATE ILLUSTRATED ernannte ihn dreimal zur Nummer eins in den Formen. 1980 wurde er doppelt gekrönt, als er gleichzeitig zur Nummer eins in den Formen und im Umgang mit den Waffen ernannt wurde. Er war der erste Mann überhaupt, der beide Titel im selben Jahr erhielt. Zuvor gelang dies lediglich einer Frau: Cynthia Rothrock. 1983 wurde Chung in die „BLACK BELT Hall of Fame", die Ruhmeshalle der Schwarzgurte, aufgenommen.

Normalerweise widmet Chung seine ganze Zeit der Leitung der Kampfsport-schule „America's Best" in Los Gatos, Kalifornien, die er gemeinsam mit seiner Partnerin Cynthia Rothrock betreibt. Er liebäugelt allerdings auch mit einer zukünftigen Karriere als Schauspieler.

Als Teilnehmerin bei Kampfkunstwettkämpfen hat Cynthia Rothrock mehr Meisterschaftstitel errungen als jede andere Frau in der Geschichte, unter anderem beim „Battle of Atlanta", beim „Mid-American Diamond National", beim „Fort Worth Pro Am", beim „California Superstars National", bei den „Internationals", beim „AKA Grand National" und beim „Century NKC Open National".

1982, 1983 und 1984 ging sie aus jedem nationalen Formen-Wettkampf, an dem sie teilnahm, unbesiegt hervor und gewann entweder den ersten Platz oder die Meisterschaft: Eine Leistung, die ihresgleichen sucht. Sie wurde von der Zeitschrift »KARATE ILLUSTRATED« viermal zur Nummer eins ernannt und gewann 1982 als bisher einzige Frau in der Geschichte der Kampfkünste den Titel Nummer eins im Umgang mit den Waffen. 1983 wurde sie in die „BLACK BELT Hall of Fame" aufgenommen. Rothrock besitzt den Schwarzgurt im Kung-Fu, im Taekwondo, im Tangsoodo und im Wushu. Ihre Studien führten sie nach Hongkong und in die Volksrepublik China.

Cynthia Rothrocks volle Aufmerksamkeit gilt ihrer erfolgreichen Kampfsport-schule. Doch auch ihre beginnende Schauspielkarriere treibt sie fleißig voran: Zusätzlich zu ihrem Lehrfilm Defend Yourself (dt.: Verteidige dich selbst) hat sie zusammen mit dem Kampfkunstartisten und Filmstar Jackie Chan in drei von Golden Harvest Films produzierten Spielfilmen mitgewirkt: „Yes, Madam", „Noble Express" und „Armor of God".

Vorwort

Die Beschäftigung mit den Kampfkünsten kann zweifelsohne eine lebensfüllende Aufgabe sein. Ob Sie nun die Fähigkeit erlangen möchten, sich selbst zu verteidigen, ob Sie eine bessere körperliche Verfassung oder ein höheres geistiges Bewußtsein anstreben oder ob Sie einfach nur durch diese uralte Disziplin zu Ihrem inneren Frieden finden möchten, Sie befinden sich immer in Begleitung von Millionen von Freunden, die das gleiche Ziel verfolgen.

Für einige von Ihnen wird dieses Buch eine ganz neue Erfahrung bedeuten, anderen wiederum wird es als nützliches Handbuch dienen. Aber wie dem auch sei, wir alle sind uns über eines einig: Wir lieben die Kampfkünste. Trotz Schläge und blauer Flecken, trotz zeitweiliger Entmutigungen und sogar Niederlagen kehren wir immer wieder zu ihnen zurück. In diesem Sinne haben wir für Sie, den modernen Kampfsportler, dieses Buch geschrieben.

Halten Sie sich bei der Lektüre dieses Buches immer folgende Dinge vor Augen (wobei wahrscheinlich manche Ihrer Vorstellungen von der Erlernung der Trittechniken in Frage gestellt werden):

1. Jedermann, unabhängig von Alter, Größe oder Erfahrung, kann die Tritte erlernen.

2. Sie benötigen keinen extrem beweglichen Körper, um in den Tritten Meisterschaft zu erlangen. Wußten Sie zum Beispiel, daß der dreifache amerikanische Karatemeister Keith Vitali (Hauptdarsteller des Films „Die Rache der Ninjas") Schwierigkeiten hat, seine Zehenspitzen zu berühren? Sogar Keith selbst gibt zu: „Ich bin einer der unbeweglichsten Menschen, die ich kenne." Aber das hielt ihn natürlich nicht auf, und wenn Sie ihn nach seiner erfolgreichsten Technik fragen, dann antwortet er: „Hakentritt zum Kopf."

3. Tritte werden in fast allen Kampfkünsten verwendet, und dies nicht nur aufgrund des Showeffekts: Es ist zwar bekannt, daß viele der größten Formen-Meister die Tritte in besonderer Weise beherrschten. Aber wie steht es mit den Kämpfern? Nun, da gibt es zum Beispiel Bill Wallace, ehemaliger Karate-Vollkontakt-Weltmeister im Mittelgewicht, der den Spitznamen „Superfoot" trägt. Was soll man dem noch hinzufügen?

4. Erfolg ist all jenen beschert, die sich die bewährten Kenntnisse anderer zunutze machen, und jenen, die fest an das Gelingen ihrer Bemühungen glauben. So gab es in Illinois (USA) eine Frau, die erst im Alter von 88 Jahren ihren Schwarzgurt erhielt, und ich glaube, es gab damals niemanden, der ihr gesagt hätte, sie könne dieses Ziel nicht erreichen. Denken Sie nur an die unzähligen Personen, die trotz widriger Umstände große Meister ihres Faches geworden

sind: So zum Beispiel der berühmte schottische Dichter Robert Burns, der Analphabet war, oder der große Komponist Ludwig van Beethoven, der unter Taubheit litt.

Rufen Sie sich stets in Erinnerung, daß einem aufgeschlossenen, geistig beweglichen Menschen alles gelingen kann und daß Wissen wahre Macht bedeutet; dann sind Sie nicht weit davon entfernt, ein erfolgreicher Kampfsportler zu werden.

George Chung
Cynthia Rothrock

Zur Benutzung dieses Buchs

Beim Lesen dieses Buchs werden Sie sicher neue Einsichten gewinnen. Lesen Sie jedes Kapitel sorgfältig durch, und schauen Sie sich nicht nur die Fotos an. Die Beschreibungen helfen Ihnen, die Techniken leichter zu verstehen.

Wenn Sie an einen Abschnitt oder ein Kapitel gelangen, das Sie nicht verstehen, halten Sie inne. Überspringen Sie das Kapitel nicht. Auf diese Weise lernen Sie, bei jeder auftretenden Schwierigkeit nicht gleich das Handtuch zu werfen. Lesen Sie den Abschnitt wieder und wieder durch, und erst wenn alle Stricke reißen, fragen Sie um Rat. Die Anschrift unserer Kampfsportschule für Briefwechsel, Informationen oder Hinweise auf Techniken lautet: America's Best Martial Arts Academy, 442 North Santa Cruz Avenue, Los Gatos, California 95030, USA.

Zeigen Sie sich schließlich allen neuen Ideen gegenüber offen, und seien Sie gewillt, sie zunächst einmal auszuprobieren, bevor Sie sie verwerfen. Ein alter Zen-Meister sagte einmal: „Leeren Sie Ihre Tasse, bevor Sie meinen Tee probieren." Hier ist es dasselbe. Befreien Sie sich von ihren negativen Vorstellungen und bisherigen Erfahrungen. Heute beginnt ein neues Abenteuer. Gehen wir es zusammen an.

Das Zifferblattprinzip

Es gibt eine Methode, um Richtungen zu bezeichnen, die auch wir bei der Beschreibung der Trittechniken benutzen. Sie bezieht die Richtungen auf ein imaginäres Zifferblatt.

Wenn es in der Beschreibung einer Technik heißt: „Treten Sie nach 10 Uhr, und ziehen sie das Bein nach 2 Uhr zurück", dann stellen Sie sich eine große Uhr vor, die senkrecht vor Ihnen steht und deren Zifferblatt Ihr Ziel enthält. Indem Sie den Richtungsangaben folgen, treten Sie dahin, wo auf dem Zifferblatt 10 Uhr angegeben wäre, und lassen Ihren Fuß über das Zifferblatt hinweg dorthin zurückschnellen, wo 2 Uhr angegeben wäre.

Dieses Prinzip wird im vorliegenden Buch angewandt, um bestimmte Trittechniken zu verdeutlichen.

Körperhaltung

Einen Tritt mit dem falschen Teil des Fußes zu landen, ist nicht nur schädlich, sondern auch unwirksam. Dasselbe gilt für die falsche Hüfthaltung vor der vollständigen Streckung des Beins. Die kleinen Knochen Ihrer Füße sind ziemlich verletzlich, und beim schnellen Schnappen des Beins, das beim Treten verlangt wird, kann leicht ein Muskel überdehnt werden oder Schlimmeres passieren. Wenn Sie Ihren Fuß und Ihr Bein in die richtige Position bringen, denken Sie immer daran, daß Wirksamkeit und Sicherheit Hand in Hand gehen.

Die Wichtigkeit mit dem richtigen Teil des Fußes zuzutreten, kann gar nicht genug betont werden. Ihre ganze Kraft konzentriert sich auf eine kleine Fläche des Fußes. Sie müssen ganz sicher sein, daß sich Ihr Fuß in der richtigen Position befindet, bevor er auf dem Ziel auftrifft. Achten Sie auch darauf, daß Ihre Hüften sich in der richtigen Position befinden, bevor Sie Ihr Bein völlig strecken. Das erhöht Ihre Kraft und erlaubt Ihren Muskeln, sich auf natürliche Weise zu strecken.

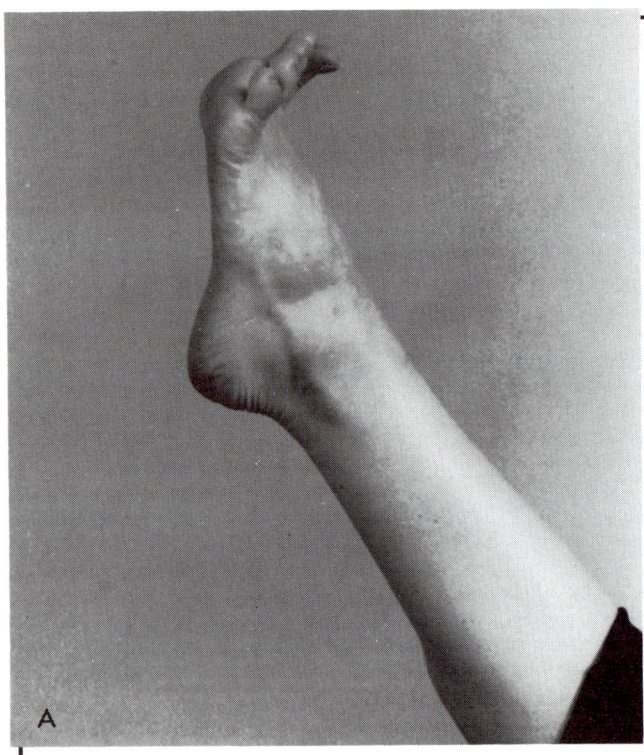

A

Vorwärtstritt

Fußhaltungen
(A) Diese Fußhaltung wird für Vorwärtstritte eingenommen. Achten Sie darauf, daß mit dem Fußballen getroffen wird und daß Sie die Zehen nach oben abwinkeln, damit die Angriffsfläche frei nach vorne zeigt. (B) Bei Schnapptritten zeigen die Zehen nach vorne, und als Angriffsfläche dient der Fußspann.

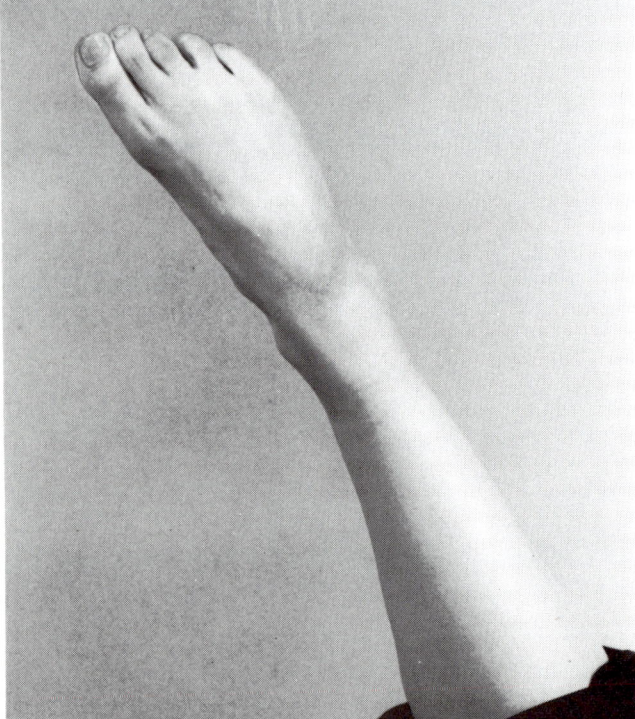

Schnapptritt

Seitwärtstritt

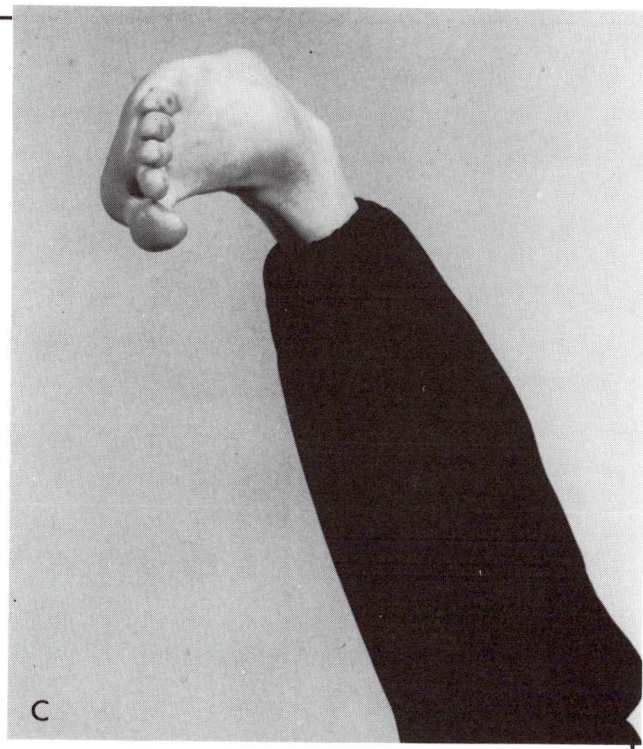

C

(C) Seitwärtstritte werden mit der Fußkante ausgeführt. Der Fuß wird im rechten Winkel nach außen abgebogen, und die Außenkante, auch „Messerkante" genannt, zwischen der Ferse und der kleinen Zehe dient als Angriffsfläche. (D) Hier dient die Ferse als Angriffsfläche. Der ganze Fuß wird angewinkelt, so daß nur die Ferse mit aller Kraft das Ziel trifft.

D

Fersentritt

15

Hüftposition für Vorwärtstritt, Drehtritt, Kreisfußschlag, Fersentritt

Um diese Hüftposition einzunehmen, gehen Sie (1) in die Wachsamkeitsstellung, (2) heben Ihr hinteres Bein und bringen es mit gebeugtem Knie in Richtung Ziel nach vorne. Schultern und Hüften befinden sich im rechten Winkel zum Ziel. (2A) Im Kampf wird oft eine abgeänderte Haltung eingenommen, bei der die Schultern und Hüften leicht zum Ziel hin gedreht sind.

Hüftposition für Seitwärtstritt, Hakentritt

(1) Aus der Wachsamkeitsstellung (2) gleitet Ihr hinterer Fuß unmittelbar an Ihren vorderen heran, dann (3) heben Sie Ihr vorderes Bein in eine angewinkelte Position, indem Sie Ihren Körper leicht nach hinten schwingen und Ihre vordere Hüfte in Richtung Ziel drehen.

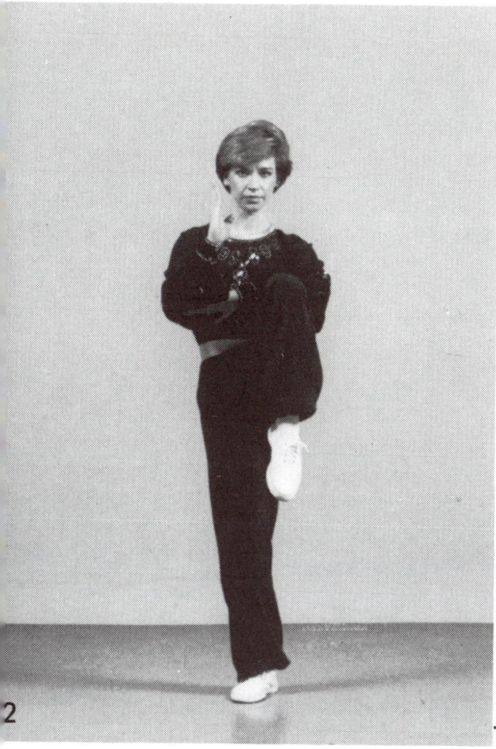
2

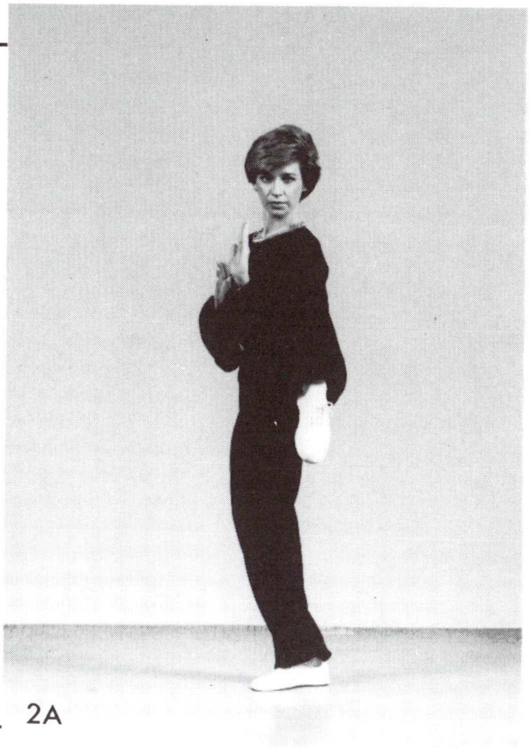
2A

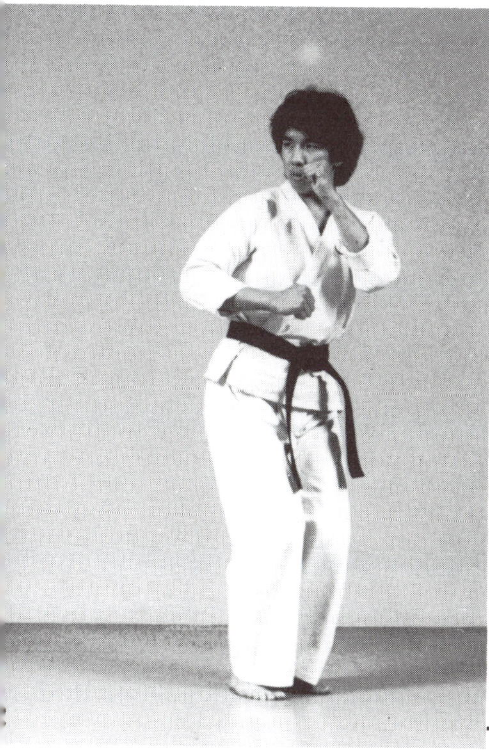

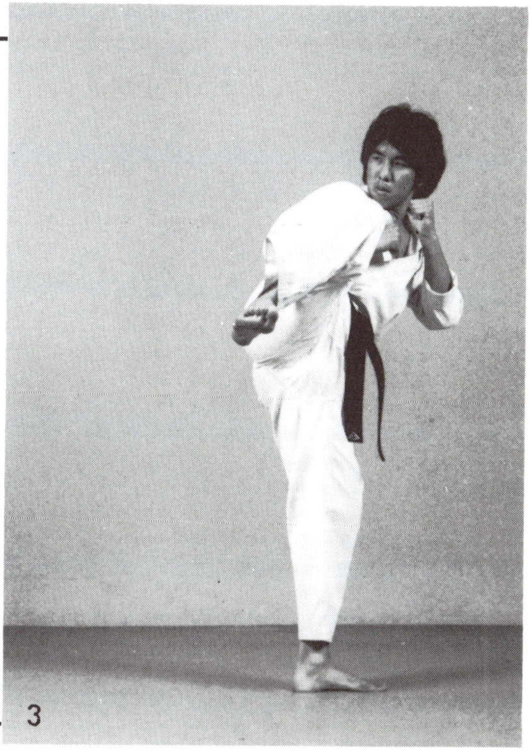
3

Dehn- und Aufwärmübungen

Die Dehn- und Aufwärmübungen sollten zu Beginn und am Ende jeder Übungsstunde durchgeführt werden. Nur mit ihrer Hilfe ist ein dauerhafter Trainingserfolg gewährleistet. Ohne sie würden wir die Teilnahme an dieser Disziplin der Kampfkünste schmerzlich bereuen. Die Übungen regen die Blutzirkulation in den gedehnten Körperteilen an, erhöhen die Sauerstoffzufuhr der Muskeln und unsere Ausdauer. Die Streckung der Muskeln dient auch zur Lösung von Spannungen und verringert ihre Belastung. Außerdem besitzen die regelmäßig durchgeführten Dehnübungen noch einen erzieherischen Aspekt: Ihre ständige Ausführung stärkt die Selbstdisziplin, die für unser Training unverzichtbar ist. Beginnen Sie mit den Übungen immer an der Kopfpartie, und arbeiten Sie dann Ihren Körper nach unten durch. Führen Sie jede Übung langsam aus, und erhöhen Sie, wenn Sie beweglicher geworden sind, nach und nach die Anzahl der Wiederholungen. Springen Sie nicht, und führen Sie die Übungen nicht ruckartig aus. Halten Sie lieber in jeder Position ein wenig inne, und strecken Sie. Dies bezieht sich auf die statischen Dehnübungen, für die wir oft auch einen anderen Begriff benutzen: „Pulsieren". „Pulsieren" bedeutet, die betreffende Körperpartie über eine kleine Strecke ständig und leicht zu bewegen, um so eine Zug- und Spannungswelle zu erzeugen, die in ihrer Sanftheit dem Herzschlag gleicht.

Für ein genaueres Verständnis werden in diesem Kapitel die Muskeln (lat.: Musculus) mit ihren Fachtermini bezeichnet, vereinfacht ergibt sich folgender Aufbau: Der breite Rückenmuskel (M. latissimus dorsi) verleiht unter anderem dem Oberkörper die typische V-Form. Der viereckige Lendenmuskel (M. quadratus) liegt seitlich der Lendenwirbelsäule und hilft bei der Fixierung und Seitwärtsneigung derselben. Die innere Hüftmuskulatur (M. iliopsoas), die Hauptbeugemuskulatur der Hüfte, zieht von der Beckeninnenseite zum Oberschenkel. Die äußeren Hüftmuskeln (M. glutaeus maximus, M. glutaeus medius, M. glutaeus minimus) modellieren als Streckmuskulatur der Hüfte gewissermaßen das Gesäß. Der vierköpfige Schenkelstrecker (M. quadriceps femoris) und der Schneidermuskel (M. sartorius) bestimmen das Oberflächenbild der Oberschenkelvorderseite. Der zweiköpfige Schenkelmuskel (M. biceps femoris) liegt auf der Rückseite des Oberschenkels und beugt in erster Linie den Unterschenkel im Knie. Die charakteristische Form der Wade wird hauptsächlich von Zwillingswadenmuskel (M. gastrocnemius) und Schollenmuskel (M. soleus) gebildet, deren Muskelbündel in die breitflächige Achillessehne übergehen. Darüber hinaus sind Abduktoren (Abzieher) die Muskeln, die die Gliedmaßen vom Körper wegführen, und Adduktoren (Anzieher) die Muskeln, die die Gliedmaßen zum Körper heranführen.

Seitliche Dehnung

Die erste Aufwärmübung ist wichtig für die Lockerung der Hüften, Schultern, Arme und des Rückens. Die Muskeln, die am meisten davon profitieren, sind der breite Rückenmuskel, die äußeren Hüftmuskeln und die Lendenmuskeln. Stützen Sie eine Hand auf die Hüfte, strecken Sie die andere Hand über den Kopf, und lassen Sie die Zehen in die Streckrichtung zeigen. Um ein Höchstmaß an Wirkung zu erzielen, achten Sie darauf, daß der Körper ganz zur Seite ausgerichtet ist. Vollziehen Sie die Dehnung jeweils bis zur Grenze der Dehnfähigkeit, dann langsam wieder zurück in die Ausgangsposition. Wiederholen Sie diese Übung insgesamt fünfmal, mit jeweils drei Dehnungen pro Körperseite.

Rückenentspannung

Diese Übung dient der Dehnung der tiefen Rückenstrecker und der Abduktoren sowie der Mobilisierung der Lendenwirbelsäule. Wer einen schwachen Rücken hat, sollte die Übung langsam und vorsichtig ausführen. (1) Sie liegen entspannt auf dem Rükken, (2) heben Ihr Knie (3) und legen es auf die andere Körperseite. Halten Sie fünf Sekunden lang inne, und entspannen Sie dann. Wechseln Sie die Körperseite, und wiederholen Sie die Übung abwechselnd fünfmal pro Seite.

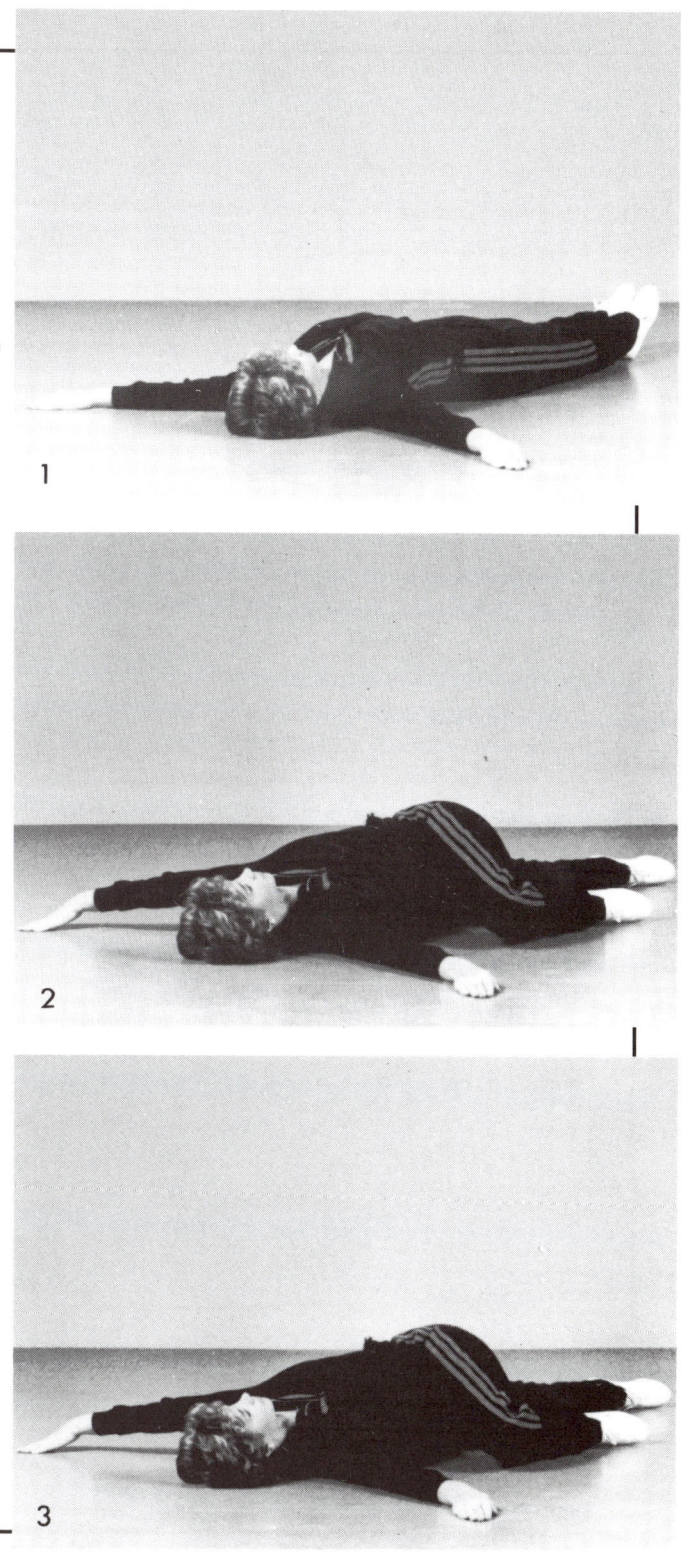

1

2

3

21

Dehnung des Oberkörpers

Diese Oberkörperdehnung wird in alle Richtungen ausgeführt, so daß fast alle Muskeln von ihr profitieren: der breite Rückenmuskel, die Lendenmuskeln und auch der Bizeps femoris und der Musculus gastrocnemius an der Hinterseite des Beins. Halten Sie bei jeder Körperposition mindestens drei bis fünf Sekunden inne. (1) Stehen Sie entspannt mit gespreizten Beinen, verschränken Sie Ihre Hände, (2) und strecken Sie sie nach oben über den Kopf. (3) Beugen Sie sich langsam zur Seite, und halten Sie Ihren Körper dabei in einer vollständig seitlichen Position. (4) Wechseln Sie die Seiten. (5) Kehren Sie in die aufrechte Stellung mit den Händen über dem Kopf zurück, (6, 7) und beugen Sie den Oberkör-

Fortsetzung S. 24

per nach vorne. (8) Berühren Sie
langsam mit der Hand den Knöchel
an der Außenseite des entgegengesetzten Beins. (9) Entspannen Sie,
und greifen Sie mit der anderen
Hand den äußeren Knöchel des anderen Beins. (10) Halten Sie beide
Knöchel fest, und ziehen Sie Ihren
Körper zur Mitte. Um die Streckung
zu verstärken, (11) legen Sie Ihre
Hände hinter den Kopf. Wiederholen
Sie die gesamte Übung fünfmal.

Rumpfbeugen

Diese Übung eignet sich besonders zur Entwicklung und Dehnung des Musculus biceps femoris und des Musculus gastrocnemius. (1) Beginnen Sie mit seitlich angelegten Händen und gespreizten Beinen. (1A) Achten Sie darauf, daß der Unterleib fest, aber nicht zu sehr gespannt ist. (2) Verlagern Sie Ihr Körpergewicht auf ein Bein, und ziehen Sie den anderen Fuß mit nach oben gestreckten Zehen nach vorne. Strecken Sie den Ellbogen auf Schulterhöhe nach vorne. (2A) Knicken Sie Ihr Standbein ein, damit Sie, wenn nötig, Ihren Körper weiter beugen können. (3) Beugen Sie sich nach vorne, und berühren Sie mit dem Ellbogen Ihre Zehen. Ballen Sie die andere Hand zu einer Faust, und legen Sie sie an die Hüfte. (3A) Ein Teil Ihres Körpergewichts wird sich natürlich auf Ihre vordere Ferse verlagern, aber das Hauptgewicht ruht weiter auf Ihrem hinteren Bein, das die ganze Zeit über gebeugt bleiben sollte. Führen Sie diese Übung abwechselnd auf beiden Seiten durch, und halten Sie jeweils 15 bis 30 Sekunden inne. Wiederholen Sie die Übung viermal pro Körperseite.

Seitenansicht

1

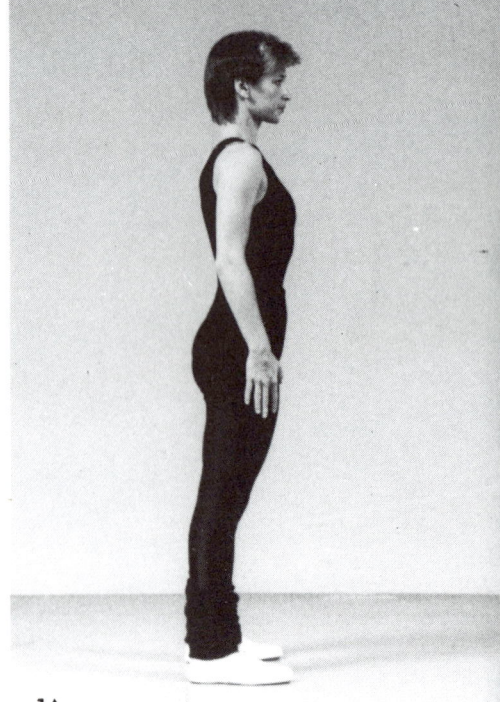

1A

2

3

2A

3A

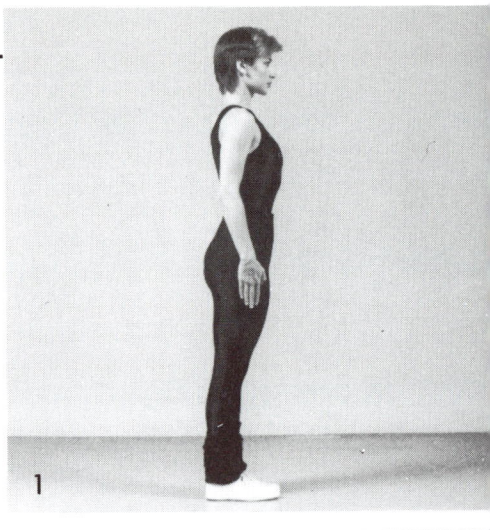

Beindehnung in der Hocke

Die Muskeln, die von dieser Übung profitieren, sind der Musculus sartorius, der Biceps femoris, der Musculus gastrocnemius und der Musculus soleus. Setzen Sie aus dem Stand (1) Ihr linkes Bein einen Schritt nach vorne (2). Strecken Sie das Bein so weit vor, bis Sie die Dehnung im Musculus quadriceps femoris spüren. (3) Bringen Sie Ihre Brust zum Knie, und halten Sie inne. (4, 5) Strecken Sie jetzt Ihr linkes Bein so weit wie möglich nach außen. (6) Heben Sie Ihre Zehenspitzen, bis Sie die Dehnung in der Wadenmuskulatur spüren. (7, 8) Gehen Sie mit dem rechten Bein in die Hokke, wobei das Knie in einem Winkel von 45° nach außen zeigt. Wiederholen Sie die Übung drei- bis fünfmal pro Körperseite.

1

2

**Standbein in Balance
(der „Roth Rock")**
Diese Übung erhöht nicht
nur Ihre Beweglichkeit,
sondern auch Ihr Gleich-
gewichtsgefühl und Ihre
Konzentrationsfähigkeit.
(1) Beginnen Sie aus ei-
ner bewegungslosen Stel-
lung, ergreifen Sie Ihre
Fußsohle, (2–4) und

strecken Sie Ihr Bein möglichst waagerecht über den Kopf, bis Sie die Grenze Ihrer persönlichen Dehnfähigkeit erreicht haben. Wiederholen Sie die Übung langsam und vorsichtig mit dem anderen Bein.

3

4

1

2

Hüftbeuge

Von dieser Übung profitieren besonders die Hüftmuskeln (Musculus glutaeus medius). Sie ist hervorragend zur Entwicklung Ihres Seitwärtstritts geeignet. (1) Setzen Sie sich auf den Boden, und stützen Sie Ihre Fußsohle gegen die Innenseite Ihres Oberschenkels. (2) Bringen Sie das andere Bein auf die entgegengesetzte Seite, indem Sie den Fuß dabei flach auf den Boden stellen. Während Sie Ihr Knie mit den Armen festhalten, beugen Sie Ihre Brust zum Knie, halten inne und erspüren die Dehnung. Wenn Sie die Dehnung nicht spüren,ziehen Sie Ihr Knie näher an die Brust heran. Wechseln Sie die Seite. Halten Sie die Dehnposition pro Seite etwa zehn Sekunden. Wiederholen Sie die Übung, immer abwechselnd, fünfmal pro Körperseite.

Rothrocks berühmte Spagatübung

Diese Übung dehnt den Musculus quadriceps femoris, den Musculus soleus und den Musculus gastrocnemius. Das Innehalten in der Dehnposition fördert Ihr Gleichgewichtsgefühl und Ihre Kraftentwicklung. (1) Gehen Sie vorsichtig in den Spagat nach vorn. Halten Sie Ihre Beine dabei gestreckt, egal wie weit Sie sich nach unten bewegen können; erspüren Sie die Dehnung, und halten Sie inne. (2) Falls Sie sehr beweglich sind, können Sie als Variante zu dieser Übung mit einer Hand nach hinten greifen und den hinteren Fuß zum Oberkörper heranziehen.

Grätschstrecksitz mit Rumpfbeugen (Chungs Spagatübung)

Diese Übung ist sehr variantenreich. Sie trainiert die Dehnfähigkeit Ihrer Beinmuskulatur und ist allen Tritt-techniken förderlich. Die Muskeln, die trainiert werden, sind die Abduk-toren und Adduktoren, der Musculus biceps femoris, der Musculus gastrocnemius sowie die Muskelpar-tien des Oberkörpers, etwa der brei-te Rückenmuskel. Halten Sie jede Position mindestens vier Sekunden. (1) Beginnen Sie im Sitzen, und spreizen Sie Ihre Beine so weit Sie können. (2) Strecken Sie Ihre Arme nach oben, (3, 4) halten Sie Ihren Oberkörper gerade, und bringen Sie eine Hand zum entgegengesetzten Fuß, während die andere Hand vor der Körpermitte verbleibt. (5, 6) Wechseln Sie die Körperseite. (7) Kehren Sie zur Mitte zurück, und strecken Sie Arme und Oberkörper nach vorne auf den Boden. (8) Schwingen Sie dann Ihren Oberkör-per zu einer Seite, ergreifen Sie Ih-ren Fuß, und ziehen Sie Ihren Ober-körper weiter in die Streckung. (9) Schwingen Sie zur anderen Seite hin-über, und wiederholen Sie die Übung. Führen Sie die gesamte Spa-gatübung fünfmal aus.

4

7

Die Superdehnung

Diese Übung trainiert den Musculus biceps femoris und die Adduktoren, verlangt aber ein Hochmaß an Gleichgewichtsgefühl und Geschmeidigkeit. (1) Sie stellen sich mit den Fersen an eine Wand, lehnen sich nach vorne und setzen Ihre Handinnenflächen auf den Boden, während Sie ein Bein einknicken und an die Wand lehnen. (2) Dann strecken Sie Ihr Bein und halten zehn Sekunden inne. Wechseln Sie die Seiten.

Zurücklehnen im Kniesitz

Diese Übung erhöht die Geschmeidigkeit in den Adduktoren, also in jenen Muskeln, die Sie für die Seitwärtstritte benötigen. Nehmen Sie die Knieposition ein, indem Sie Ihre Fußsohlen gegeneinandersetzen und Ihre Füße so nah wie möglich an Ihren Körper heranziehen. (2) Ihr Partner kniet vor Ihnen. (3) Während Sie sich nach hinten lehnen, drückt Ihr Partner Ihre beiden Fußknöchel auf den Boden. Halten Sie die Position fünf bis zehn Sekunden, und wiederholen Sie die Übung fünfmal.

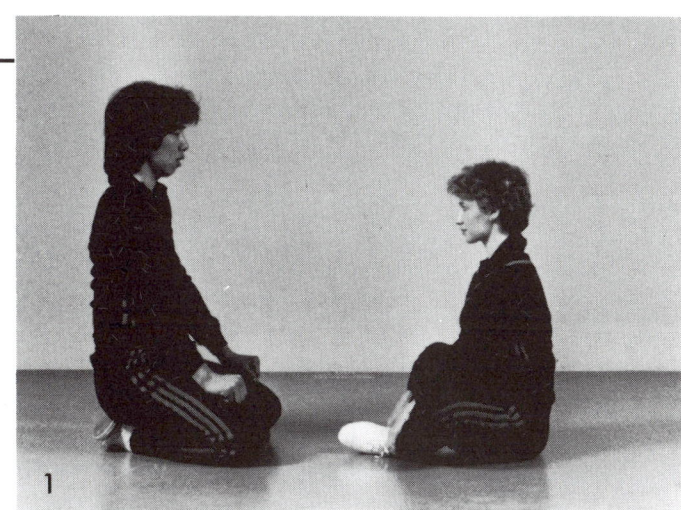

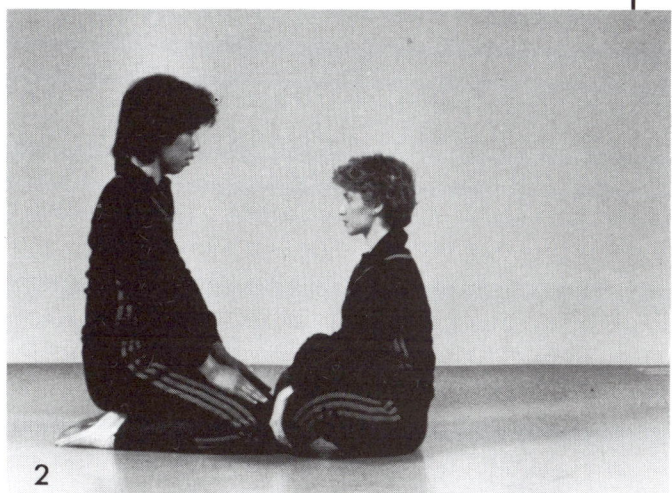

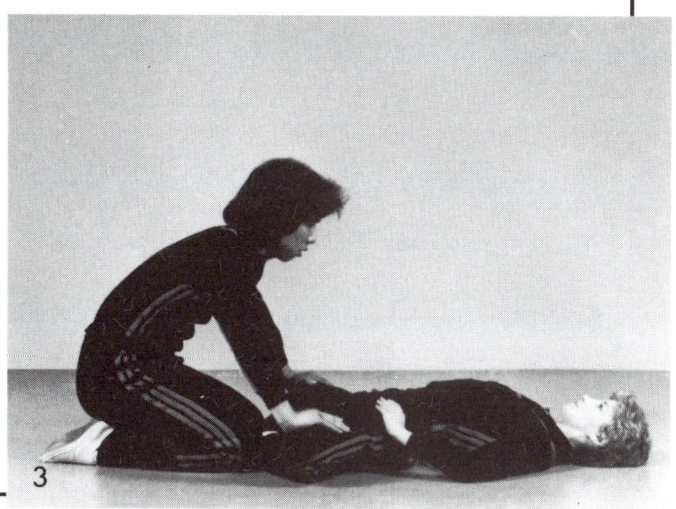

Rumpfbeugen
im Langsitz

Diese Übung trainiert den Musculus biceps femoris. (1) Sie sitzen dem Partner gegenüber und setzen die Fußsohlen gegeneinander. (2, 3) Sie fassen Ihren Partner bei den Händen und ziehen sich abwechselnd gegenseitig heran, indem Sie bzw. der Partner sich zurücklehnt. Sie zwingen so den Partner bzw. der Partner zwingt Sie, sich bis in die Streckung nach vorne zu beugen. Halten Sie fünf Sekunden inne, und wechseln Sie dann. Führen Sie die Übung jeweils fünfmal aus.

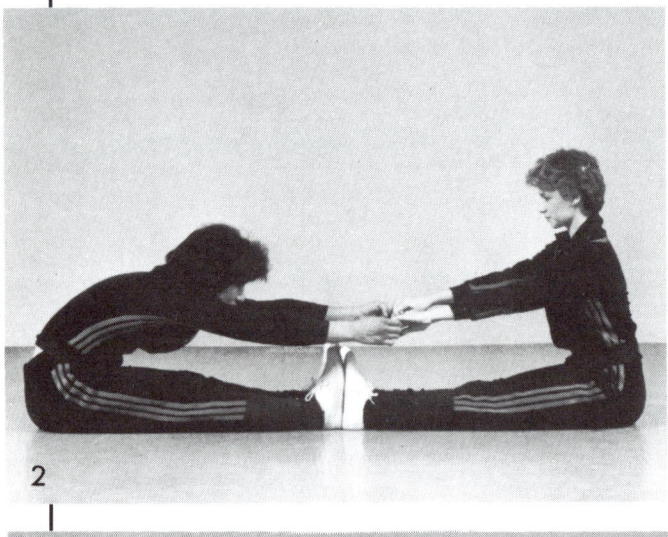

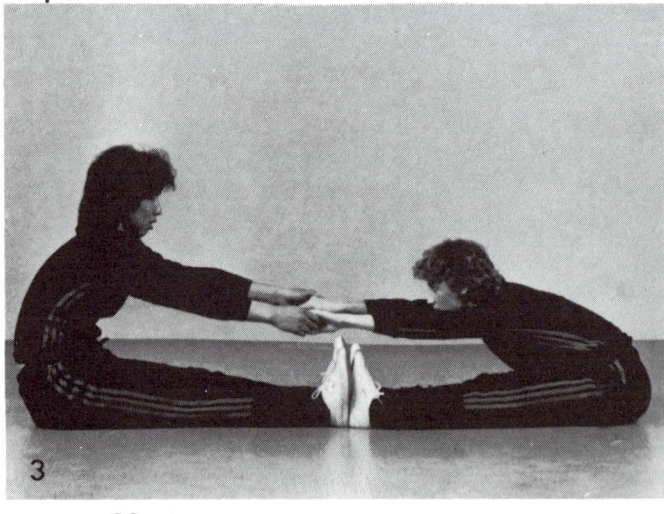

Vorwärtstrittdehnung

Diese Übung dehnt den Musculus biceps femoris und den Musculus sartorius. Die zusätzliche Hilfe Ihres Partners läßt Sie Ihre normale Dehngrenze überschreiten. (1) Stellen Sie sich mit dem Rücken an eine Wand. (2) Heben Sie Ihr Bein so hoch Sie können, und halten Sie Ihr Kniegelenk dabei gestreckt. (3) Jetzt hebt Ihr Partner das Bein langsam und vorsichtig bis zur maximalen Dehnung nach oben.

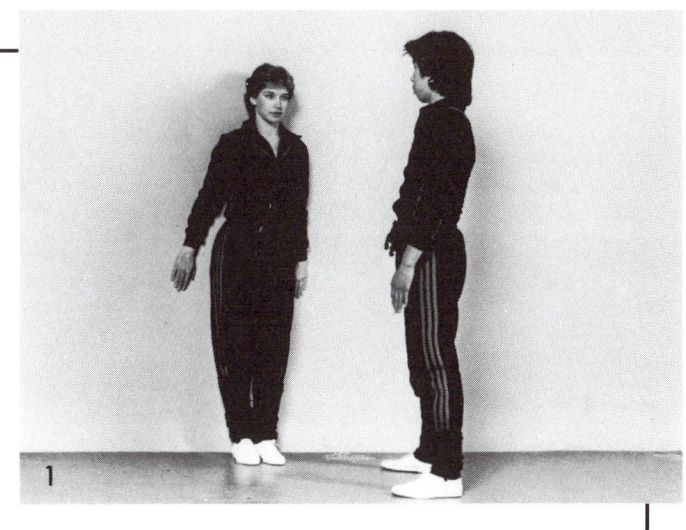

Seitwärtstrittdehnung
Zur Entwicklung Ihrer Seitwärtstrittposition (1) stützen Sie sich mit einer Hand auf eine Stuhlrückenlehne. Strecken Sie Ihr Bein so zur Seite, als wollten Sie einen hohen Seitwärtstritt ausführen. Ihr Partner hält und stützt dabei das Trittbein. (2) Ihr Partner geht nach vorne, während Sie Ihren Fuß in die schräge Trittposition zurückziehen.

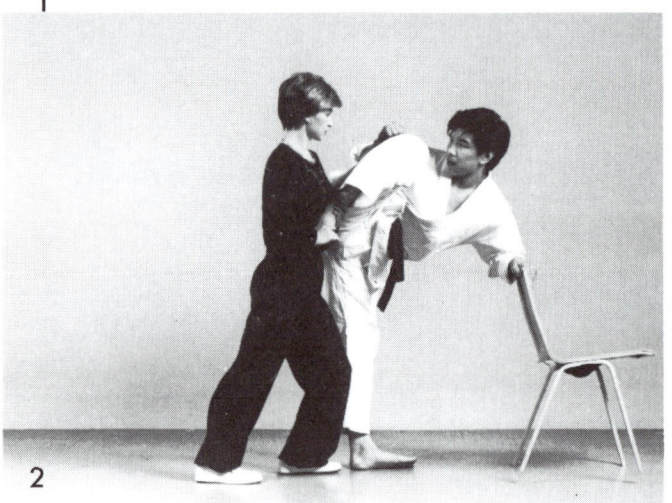

2

Dabei übt Ihr Partner so lange Druck auf Ihren Fuß aus, bis Sie die Dehnung spüren. (3, 4) Wiederholen Sie die Übung für einen mittleren Seitwärtstritt, indem Ihr Partner das Bein auf mittlerer Höhe hält. Üben jetzt Sie den entsprechenden Gegendruck aus, der theoretisch zu einer Streckung des Beins führen würde.

Dehnung des Musculus quadriceps femoris

Diese Übung für Fortgeschrittene trainiert die Rückenmuskulatur, den Schneidermuskel und die vordere Muskelregion des Oberschenkels, den Musculus quadriceps femoris. (1) Stützen Sie sich auf den Arm Ihres Partners, (2) halten Sie das Gleichgewicht auf einem Bein, und

1

2

heben Sie den anderen Fuß hinten hoch. Ihr Partner ergreift Ihr angehobenes Bein mit seiner anderen Hand. (3) Mit der Unterstützung Ihres Partners heben Sie nun Ihren Fuß in Richtung Ihres Hinterkopfs so hoch Sie können, beziehungsweise bis zur vollen Dehnung.

3

Seitwärtsdehnung

Diese Übung entwickelt die Geschmeidigkeit in den Adduktoren. Die Streckung ist vielmehr ein gehaltener und nach oben gedrückter Seitwärtstritt. (1) Während Sie sich mit einer Hand an der Wand abstützen, nehmen Sie die Seitwärtstrittstellung ein. (2) Dann drückt Ihr Partner das Bein langsam nach oben. Achten Sie darauf, daß Ihre Hüften und Ihr Rücken gerade bleiben.

1

2

Kraftübung mit dem Partner

Die Erzeugung von dynamischer Spannung ist der beste Weg zur Entwicklung von Kraft in Ihren Tritten. Diese Technik beruht auf der kontrollierten Gegenkraft Ihres Partners während des Tretens. (1, 2) Ihr Trainingspartner befindet sich im erforderlichen Trittabstand, (2) und Sie heben Ihren Fuß in die Vorwärtstrittposition gegen den Magen Ihres Partners. (3, 4) Jetzt strecken Sie langsam Ihr Bein, als ob Sie einen Vorwärtstritt ausführen würden. Ihr Partner drückt dabei so stark gegen Ihr Bein, daß dessen Streckung wesentlich erschwert, aber nicht unmöglich gemacht wird. Die volle Streckung Ihres Beins sollte drei bis fünf Sekunden in Anspruch nehmen. Wiederholen Sie die Übung zehnmal pro Bein. (5–7) Nehmen Sie jetzt die Seitwärtstrittstellung ein, und wiederholen Sie, ebenfalls zehnmal pro Bein, die Übung für den Seitwärtstritt.

5

3

4

5

7

Rücken an Rücken
in den Langsitz

Diese Übung fördert die Entwicklung von explosiver Kraft bei allen Trittechniken, die kraftvolle Beine verlangen. Zudem verbessert sie Ihr Timing. (1) Sie stehen Rücken an Rücken mit dem Partner, (2, 3) verschränken an den Ellbogen Ihre Arme und setzen sich langsam auf den Boden. (4) Sie strecken Ihre Beine nach außen in den Langsitz (5–8) und kehren dann langsam in die stehende Position zurück.

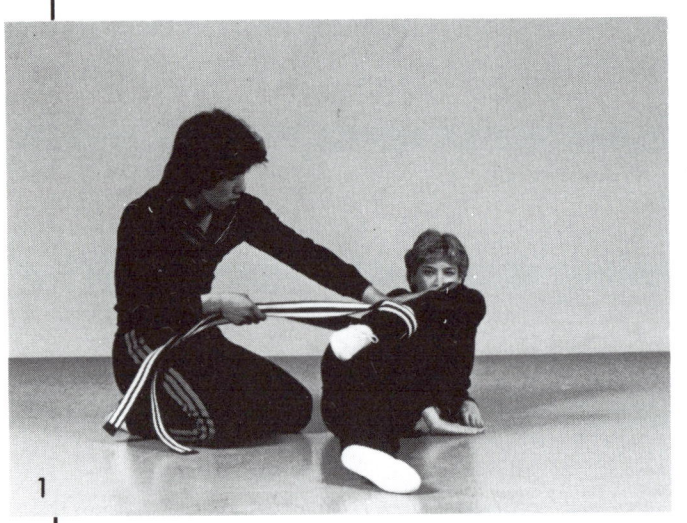

Halbkreistritt
als Kraftübung

Die Benutzung eines Gür-
tels macht diese Übung
sehr interessant und ef-
fektiv. (1) Binden Sie einen Gürtel um einen Fuß-
knöchel, achten Sie je-
doch darauf, daß der
Knoten Ihre Blutzirkula-
tion nicht beeinträchtigt.
Ihr Partner, der neben Ihnen auf dem Boden kniet,
hält das andere Ende des
Gürtels. Legen Sie sich
auf die Seite, strecken Sie
das freie Bein, und halten
Sie das gefesselte Bein in
der gebotenen, einge-
knickten Position in ei-
nem Winkel von 45°.

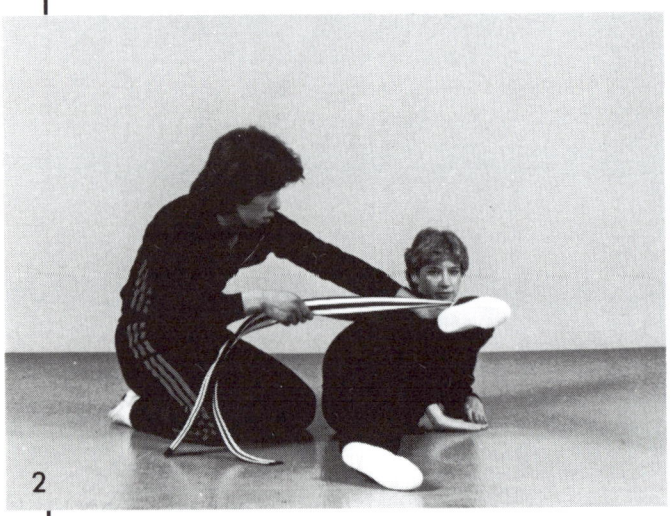

3

(2, 3) Strecken Sie Ihr Bein langsam in der Trittbewegung, während Ihr Partner es mit dem Gürtel zurückzieht und den Tritt dadurch wesentlich erschwert, aber nicht unmöglich macht. (4, 5) Kehren Sie dann in die Ausgangsposition zurück. Für die volle Streckung sollten Sie etwa fünf Sekunden benötigen, die Rückkehr in die Ausgangsposition muß allerdings spannungslos erfolgen. Wiederholen Sie die Übung pro Bein zehnmal.

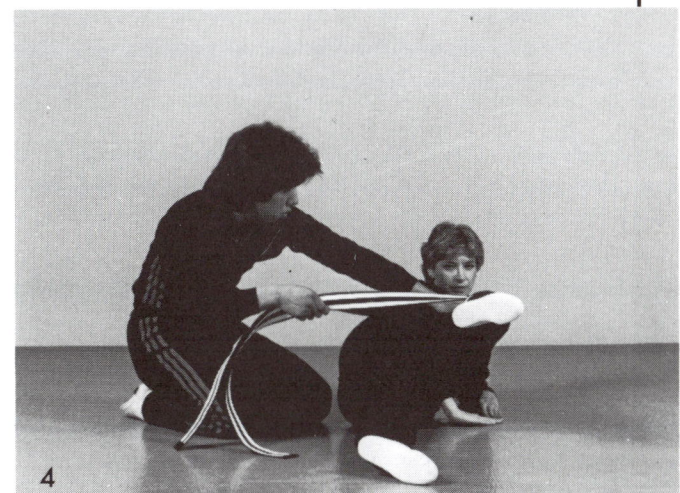

4

5

Basistritte

Alle großen Abenteuer beginnen mit dem ersten Schritt. Dies gilt auch für die Tritte, und diese sind weiß Gott eine große abenteuerliche Herausforderung. Basistritte vom Boden aus sind Tritte, die aus dem Stand ohne Springen, Hüpfen oder Drehen ausgeführt werden. Sie sind die Grundvoraussetzung für Ihren Erfolg in allen Aspekten des Tretens. Wenn Sie diese Tritte ausführen, dann tun Sie dies mit der Konzentration, der Schnelligkeit, der Kraft und dem Willen, die der jeweiligen Situation entsprechen. Nicht Übung macht perfekt. Perfekte Übung macht perfekt. Trainieren Sie mit diesem Leitsatz im Hinterkopf.

Vorwärtstritt

(1) Sie beginnen in der Wachsamkeitsstellung und erhobenen Händen. (2) Ziehen Sie Ihr hinteres Knie nach vorne, heben Sie es, beugen Sie es stark, und ziehen Sie die Zehen an. (3) Stoßen Sie das Bein nach vorne, und treten Sie mit dem Fußballen. Wenn Ihr Fuß auf das Ziel trifft, spannen Sie den Oberschenkel und die Gesäßmuskeln an. (4) Ziehen Sie dann Ihren Fuß zurück, und (5) nehmen Sie wieder die Wachsamkeitsstellung ein.

Erfolgstips:

Halten Sie den Rücken gerade. Beugen Sie sich nicht nach vorne. Eine gebeugte Körperhaltung ist der Höhe des Tritts hinderlich. Blicken Sie immer auf Ihr Ziel, und atmen Sie aus, wenn Sie auf das Ziel treffen.

1

3

2

4

5

Seitwärtstritt mit dem hinteren Bein

(1) Sie beginnen in der Wachsamkeitsstellung und erhobenen Händen. (2) Heben Sie Ihr hinteres Bein so hoch Sie können, und drehen Sie Ihren Standfuß in die entgegengesetzte Richtung. Dies ist Grundvoraussetzung für das Gelingen des Tritts. (3) Strecken Sie Ihr Bein, und achten Sie darauf, daß die Ferse oder die Fußaußenkante die Angriffsfläche bilden. Spannen Sie beim Auftreffen auf den Zielpunkt die Gesäßmuskeln und die Oberschenkelmuskeln an. (4) Knicken Sie Ihr Bein wieder ein. (5) Nehmen Sie wieder die Wachsamkeitsstellung ein.

Erfolgstips:

Die Drehung des Standfußes ist von besonderer Bedeutung. Eine saubere Drehung erhöht die Kraft Ihres Tritts. Denken Sie auch daran, das eingeknickte Bein so hoch wie möglich zu ziehen, wenn der Tritt hoch sein soll. Eine hohe Position des eingeknickten Beins versetzt Sie auch in die Lage, Kontertechniken gegen Ihren Körper, wie etwa Faustrückenschläge, mit Ihrem Knie abzublocken. Wenn es Ihnen schwerfällt, mit Ihrem Tritt eine gewisse Höhe zu erreichen, versuchen Sie, sich ein wenig nach hinten zu lehnen. Heben Sie dann aber Ihren Kopf, um zu verhindern, daß Sie Ihr Gleichgewicht verlieren und fallen.

1

3

2

4

5

Halbkreistritt in der Grundform

(1) Sie beginnen in der Wachsamkeitsstellung und erhobenen Händen. (2) Heben und knicken Sie Ihr Bein in einem Winkel von 45°, und drehen Sie Ihren Standfuß. (3) Strecken Sie das Bein, und treffen Sie das Ziel mit dem Fußballen. (4) Knicken Sie Ihr Bein wieder ein, (5) und nehmen Sie wieder die Wachsamkeitsstellung ein.

Erfolgstips:

Führen Sie den Tritt in einem Kreisbogen mit nach außen gedrehten Hüften aus. Eine leichte Überschreitung der Zielgrenze ist notwendig, um das Ziel kraftvoll zu treffen. Dies liegt daran, daß der Halbkreistritt eine kürzere Reichweite als die meisten anderen Tritte hat.

1

3

5

Hakentritt nach vorn: Fußsohle

(1) Beginnen Sie in der Wachsamkeitsstellung. (2) Ziehen Sie Ihr hinteres Bein an Ihr vorderes heran. (3) Knicken Sie Ihr vorderes Bein in einem Winkel von 45° ein, aber achten Sie darauf, daß das Knie hoch genug ist, um Ihren Körper gegen einen Angriff schützen zu können. (4) Führen Sie den Tritt nach außen aus, (5) und ziehen Sie den Fuß sofort wieder zurück, wenn Sie den höchsten Punkt erreicht haben. Dies verleiht dem Tritt den Schnappeffekt, den er für eine kraftvolle Ausführung benötigt. (6) Kehren Sie in die Position mit eingeknicktem Bein (7) und dann in die Kampfstellung zurück.

Erfolgstips:

Der häufigste Fehler beim Hakentritt besteht darin, daß der Fuß oft nicht in die richtige Position bzw. den richtigen Abstand vom Ziel gebracht wird. Denken Sie an das bereits beschriebene Zifferblattprinzip. Wenn Sie treten, beginnen Sie bei 10 Uhr, und beenden den Tritt bzw. stellen sich den Zielpunkt bei 2 Uhr vor. Für das linke Bein gilt dies umgekehrt. Das Zifferblatt dieser imaginären Uhr steht genau auf Ihrer Zielebene. Da Ihre Anfangsbewegung nicht direkt in Richtung Ziel erfolgt, kann die Einschätzung des konkreten Abstands zum Problem werden. Diese imaginäre Ebene hilft Ihnen, den richtigen Abstand beim Hakentritt einzunehmen.

1

3

6

Kreisfußschlag nach außen:
Fußaußenkante

(1) Nehmen Sie zuerst die Wachsamkeitsstellung ein. (2) Beginnen Sie dann, Ihr hinteres Bein in einer Kreisbogenbewegung zur entgegengesetzten Hüfte zu ziehen. (3) Schwingen Sie das Bein weiter nach oben, vergessen Sie aber die Kreisbewegung nicht. (4) Treffen Sie bei 12 Uhr den Zielpunkt, (5) und beginnen Sie, in die Ausgangsposition zurückzukehren, sobald Ihr Bein Schulterhöhe erreicht hat. (6) Nehmen Sie wieder die Wachsamkeitsstellung ein.

Erfolgstips:

Beginnen Sie mit der Technik bei 9 Uhr, gehen Sie auf 10 Uhr hoch, treffen sie bei 12 Uhr auf das Ziel, und kehren Sie auf 2 Uhr zurück. Dies gilt umgekehrt für das linke Bein. Der Schwung ist der Schlüssel zu dieser Trittechnik. Kurz vor Erreichen der vollen Tritthöhe können Sie durch eine leichte Drehung Ihrer Hüften die Kraftentwicklung verstärken.

1

4

Kreisfußschlag nach innen:
Fußaußenkante oder Fußsohle

(1) Beginnen Sie in der Wachsamkeitsstellung und erhobenen Händen. (2) Ziehen Sie Ihr Bein in einem Kreisbogen nach außen. (3) Schwingen Sie Ihr Bein weiter im Kreisbogen zu Ihrer Körperinnenseite. (4) Treffen Sie auf das Ziel bei 1 Uhr oder bei 11 Uhr, je nachdem, ob Sie die Technik mit dem rechten oder dem linken Bein ausführen. (5) Die ausgestreckte Hand stellt das Ziel dar. (6) Kehren Sie in die Wachsamkeitsstellung zurück. Achten Sie darauf, daß Ihr Bein während der ganzen Technik gestreckt bleibt.

Erfolgstips:

Wenn Sie die Technik mit dem rechten Bein ausführen, bringen Sie das Bein auf 9 Uhr, dann nach oben auf 11 Uhr. Treffen Sie auf das Ziel bei 1 Uhr, und kehren Sie über 3 Uhr zurück. Die Trittechnik wirkt am besten, wenn Sie Ihren Körper so gerade wie möglich halten. Das sichert Ihnen einen guten Stand und eine maximale Reichweite.

1

4

3

6

63

Fersentritt

Dieser Tritt ähnelt dem Kreisfuß-schlag nach außen (S. 60). Stellen Sie sich Ihr Ziel unmittelbar unter-halb 12 Uhr vor. (1) wenn Sie in der Kampfstellung beginnen. (2, 3) He-ben Sie das Bein, mit dem Sie treten, bis zur Außenseite der Schulter Ihres Gegners. Wenn Sie mit Ihrem rech-ten Bein treten, heben Sie es bis zur Außenseite der rechten Schulter des Gegners: 11 Uhr. Wenn Sie mit dem linken Bein treten, heben Sie es bis zur Außenseite seiner linken Schul-ter: 1 Uhr. (4, 5) Der höchste Punkt, den Ihr Fuß erreicht, liegt bei 12 Uhr. (6, 7) Dann ziehen Sie ihn kraftvoll herunter und treffen das Ziel mit der Ferse oder der Fußsoh-le. Sie können dabei den Kopf oder die Brust des Gegners anvisieren. (8) Kehren Sie dann in die Kampf-stellung zurück.

Erfolgstips:

Dieser Tritt ist auf absolute Genau-igkeit angewiesen. Das Maximum an Schwung des Tritts ist erst erreicht, wenn das Bein heruntergezogen wird, nicht, wenn es nach oben schwingt. Benutzen Sie Ihre Hüften, um die Stoßkraft nach unten zu ver-stärken, aber halten Sie Ihren Kopf oben, damit Sie Ihr Gleichgewicht halten können und nicht nach hinten fallen.

1

3

6

Tritte aus der Drehung

Nach der perfekten Beherrschung der Basistritte ist Ihr nächster Schritt auf dem Weg zur Meisterschaft das Erlernen der Tritte aus der Drehung. Diese Form von Tritten birgt allerdings zwei große Gefahren, die niemals übersehen werden dürfen. Die Technik erfordert, daß Sie für einen kurzen Augenblick Ihrem Gegner den Rücken zuwenden. Außerdem kann man beim Tritt aus der Drehung leichter als bei den meisten anderen Tritten das Gleichgewicht verlieren.

Die Vorteile wiegen die Nachteile jedoch bei weitem auf. Die Drehung bewirkt eine außerordentliche Kraftverstärkung, und der plötzliche Wechsel des Angriffswinkels birgt ein Überraschungsmoment, das den Sieg bedeuten kann.

Die Tritte aus der Drehung tauchten erst in den Sportwettkämpfen auf, nachdem sie Schauspieler und Karatelegende Chuck Norris während seiner Ära als Weltmeister äußerst erfolgreich eingesetzt hatte. Viele Vollkontaktkämpfer wenden ebenfalls Tritte aus der Drehung an, und dies meist zu ihrem Vorteil.

Der bekannte Taekwondo-Experte Hee Il Cho hat die Tritte aus der Drehung zu seinen Standardtechniken und seinem Markenzeichen gemacht und ist mit ihnen zu einem der berühmtesten Kampfsportler der Welt geworden.

Um die Techniken zu beherrschen, müssen Sie sich zunächst die einzelnen Schritte aneignen, bevor Sie einen kompletten Durchgang ausführen. Dies sichert das vollständige Verständnis der Technik und versetzt Sie in die Lage, das nötige Gleichgewicht zu halten. Führen Sie den Tritt zunächst langsam aus. Erst wenn Sie lockerer in der Bewegung geworden sind und etwas Selbstvertrauen gewonnen haben, können Sie die Geschwindigkeit steigern und somit den Augenblick, in dem Sie dem Gegner den Rücken zuwenden, verkürzen. Geben Sie jedoch nicht auf. Das Ergebnis des Tritts aus der Drehung kann nämlich bei korrekter Anwendung für den Gegner verheerend sein.

Rückwärtstritt aus der Drehung: Ferse oder Fußaußenkante

(1) Beginnen Sie in der Kampfstellung; das rechte Bein ist hinten. (2) Führen Sie mit Ihrem Körper eine halbe Drehung durch, und wenden Sie Ihren Kopf, damit Sie über Ihre Schulter das Ziel anvisieren können. (3, 4) Knicken Sie Ihr rechtes Bein wie bei der Seitwärtstrittstellung in einem Winkel von 45° ein. Treten Sie, während Sie weiter Ihren Körper drehen. Wenn Sie das Ziel treffen, spannen Sie Ihren Oberschenkel und Ihre Gesäßmuskeln an. Knicken Sie Ihr Bein wieder ein, (5) und kehren Sie in die Kampfstellung zurück.

Erfolgstips:

Der häufigste Fehler wird bei der Körperhaltung gemacht. Die meisten neigen den Körper zum Boden, wenn Sie treten. Das bewirkt zweierlei: Zum einen bringt es Ihren Körper aus der Ziellinie und zum anderen aus dem Gleichgewicht. Halten Sie Ihren Rücken gerade und Ihren Kopf nach vorne. Vollziehen Sie die Körperdrehung schnell, um das Risiko zu verkleinern, das Ziel nicht im Auge zu haben. Strecken Sie das Bein ganz aus, und ziehen Sie es dann zurück.

1

3

Hakentritt aus der Drehung

Dieser Tritt wird oft mit dem Drehtritt verglichen. (1) Nehmen Sie die Kampfstellung mit erhobenen Händen ein. (2) Beginnen Sie wieder wie beim Rückwärtstritt mit der Drehung, und blicken Sie über die Schulter (auf der Seite des tretenden Beines). (3) Knicken Sie Ihr Bein in einem Winkel von 45° ein. (4) Beginnen Sie den Tritt, indem Sie das Bein über 10 Uhr voll ausstrecken, (5) und treffen Sie das Ziel mit der Fußsohle, die Sie beim Kontakt anspannen. (6) Knicken Sie Ihr Bein in Richtung 2 Uhr ein, und kehren Sie in die Kampfstellung zurück.

Erfolgstips:

Stellen Sie sich Ihren Körper als Wirbelsturm vor, wenn Sie die Technik ausführen. Der Schwung ist der Schlüssel zur Technik, ebenso wie die Schnelligkeit und die volle Strekkung von 10 Uhr nach 2 Uhr. Bedenken Sie, daß es am besten ist, Ihren Angriff mit einem sicheren Tritt aus dem Stand zu beginnen und dann einen Tritt aus der Drehung folgen zu lassen. Allerdings ist dieser Tritt auch wirkungsvoll, wenn Sie ihn sofort gegen Ihren Gegner anwenden.

1

3

6

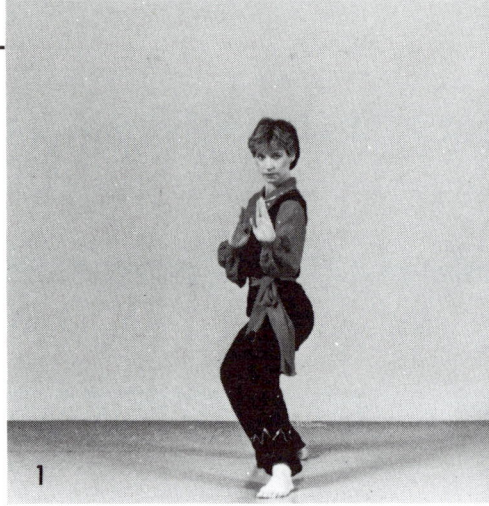

1

Kreisfußschlag nach außen aus der Drehung: Fußaußenkante

(1) Nehmen Sie die Kampfstellung ein. (2) Blicken Sie über Ihre Schulter, wenn Sie den Körper drehen. (3) Heben Sie Ihr Bein gerade nach oben. Stellen Sie sich wieder das Zifferblatt vor, um den Winkel festzulegen, aus dem Sie Ihren Tritt beginnen. Halten Sie Ihr Bein gerade, bis der Fuß den höchsten Punkt erreicht hat. Führen Sie das Bein zurück, und nehmen Sie wieder die Wachsamkeitsstellung ein.

Erfolgstips:

Bei diesem Tritt ist es besonders wichtig, das Bein die ganze Zeit über gestreckt zu halten. Die Kraft entwickelt sich durch den Schwung Ihrer Körperdrehung. Achten Sie darauf, daß Ihr Kopf gehoben bleibt und daß Sie Ihren Körper nicht zu weit nach vorne neigen.

3

6

Tritte im Sprung

Es ist nur natürlich, daß man zögert, ehe man in die Luft geht, um einen Tritt auszuführen. Hat man einmal den sicheren Untergrund verlassen, so ist man irgendwie festgelegt, verpflichtet. Aber mit der Zeit gewinnen Sie an Selbstvertrauen, und Ihre anfängliche Besorgnis während des Lernstadiums geht in eine solide Urteilsfähigkeit über. Dann freuen Sie sich auf die Gelegenheit, einen Tritt im Sprung anbringen zu können.

Die Tritte im Sprung setzen die Beherrschung der Basistritte aus dem Stand und der Tritte aus der Drehung voraus. Da Sie die Stellungen von Hüfte und Beinen vornehmlich in der Luft einnehmen, müssen Sie schon vorher die nötige Gewandtheit und Schnelligkeit entwickelt und die Bewegungen auf dem Boden vervollkommnet haben.

Wenn Sie auf den Boden zurückkehren, tun Sie dies sanft. Landen Sie zuerst auf den Fußballen, dann auf den Sohlen, und beugen Sie zuletzt die Knie. Dies federt Ihren Sprung ab und hilft, Verletzungen zu vermeiden.

Gesprungener Vorwärtstritt

(1) Nehmen Sie die Kampfstellung ein. (2) Springen Sie hoch, und ziehen Sie das hintere Bein mit stark gebeugtem Knie in Richtung Ziel nach vorne. (3) Treten Sie, und treffen Sie mit dem Fußballen. In dem Augenblick, in dem der Fuß auf das Ziel trifft, spannen Sie Oberschenkel und Gesäßmuskeln an, um ein Maximum an Kraft zu erreichen. (4) Entspannen Sie, ziehen Sie das Bein zurück, (5, 6) landen Sie mit dem anderen Bein auf dem Boden, und nehmen Sie wieder die Kampfstellung ein.

Erfolgstips:

Aufgrund ihrer Bewegungsvielfalt verlangen die Tritte im Sprung Schnelligkeit und Ausdauer. Achten Sie darauf, daß Ihre Muskeln gut aufgewärmt und gedehnt sind, bevor Sie einen solchen Tritt ausführen. Landen Sie lieber auf den Fußballen als auf den Fersen. Das federt den Sprung besser ab. Versuchen Sie auch, den Kopf oben zu halten, um beim Landen ein stabileres Gleichgewicht zu garantieren.

1

4

2

3

6

Gesprungener Seitwärtstritt

(1) Beginnen Sie in der Kampfstellung. (2) Springen Sie gerade nach oben, und ziehen Sie Ihr vorderes Bein in einem Winkel von 45° nach oben. An diesem Punkt sollten Sie Ihre Hüften leicht drehen. (3) Führen Sie den seitlichen Tritt aus, und treffen Sie mit der Fußaußenkante oder der Ferse. Spannen Sie beim Auftreffen den Oberschenkel und die Gesäßmuskeln an. (4) Knicken Sie das Bein wieder ein, (5) landen Sie auf dem Boden, und nehmen Sie wieder die Kampfstellung ein.

Erfolgstips:

Bei der Ausführung des gesprungenen Seitwärtstritts ist es wichtig, die Knie so hoch wie möglich zu ziehen. Halten Sie Ihren Rücken gerade, und drehen Sie Ihre Hüften ein. Das erhöht die Schlagkraft.

1

3

5

Gesprungener Halbkreisfußtritt
(1) Beginnen Sie in der Kampfstellung. (2, 3) Springen Sie hoch, und ziehen Sie Ihr hinteres Bein, in einem Winkel von 45° eingeknickt, vor Ihren Körper. (4) Führen Sie den Tritt aus, und treffen Sie mit dem Fußballen. Achten Sie auf Ihre Hüftposition. In diesem Fall sind sie zugunsten des Kreisbogeneffekts nach außen gedreht. (5) Knicken Sie das Bein wieder ein, (6) landen Sie mit dem Trittbein vorne, und nehmen Sie wieder die Kampfstellung ein.

Erfolgstips
Der gesprungene Halbkreisfußtritt eignet sich besonders gut für kurze Distanzen. Wie der Halbkreisfußtritt aus dem Stand hat er eine kurze Reichweite, entwickelt aber aufgrund der Kreisbewegung ein hohes Maß an Kraft. Heben Sie bei Beginn des Tritts nicht Ihre Arme. Dies ist ein gängiger Fehler von Anfängern, die dadurch höher springen möchten. Wenn Sie aber vor dem Tritt Ihre Arme heben, öffnen Sie Ihre Körperdeckung und riskieren einen möglichen Gegenangriff.

1

4

81

Gesprungener Rückwärtstritt

(1) Beginnen Sie in der Kampfstellung. Sie führen den Tritt mit dem hinteren Fuß aus. (2) Hierfür springen Sie gerade hoch und drehen Ihren Körper um 180° nach links, wenn Sie mit dem rechten Bein treten, und um 180° nach rechts, wenn Sie mit dem linken Bein treten. Wenden Sie schnell Ihren Kopf, um das Ziel über Ihre Schulter hinweg im Blickfeld zu haben, während Sie Ihr Bein in einem Winkel von 45° hochreißen. Ziehen Sie dabei Ihr Knie so hoch wie möglich. (3) Führen Sie den Tritt aus, und treffen Sie mit der Fußaußenkante oder der Ferse. (4, 5) Knicken Sie Ihr Bein wieder ein. (6) Nehmen Sie wieder die Kampfstellung ein, wobei sich das Bein, das getreten hat, vorne befindet.

Erfolgstips:

Der gesprungene Rückwärtstritt ist ein besonders kraftvoller Tritt. Ein Grund hierfür ist die Schwungkraft. Ziehen Sie Ihre Beine nach oben, und beugen Sie Ihr Knie ziemlich stark. Das erhöht die Schnelligkeit Ihres Stoßes. Beim Treten wenden Sie Ihren Kopf und fast zeitgleich mit dem Auftreffen Ihres Fußes Ihren Blick. Halten Sie auch Ihre Arme gespannt. Ein Kämpfer mit offenen Armen wird aus der Bahn geworfen wie ein Hubschrauber, dem ein Rotorblatt fehlt. Halten Sie schließlich Ihren Kopf oben, um das Gleichgewicht zu garantieren.

1

4

Gesprungener Hakentritt

Dieser Tritt ähnelt in der Ausführung dem gesprungenen Seitwärtstritt. (1) Aus der Kampfstellung (2) springen Sie hoch und reißen Ihr Bein, in einem Winkel von 45° eingeknickt, nach oben. Wie beim Hakentritt aus dem Stand (3) beginnen Sie wieder auf dem Zifferblatt bei 10 Uhr, (4) gehen zu 2 Uhr hinüber und treten mit der Fußsohle oder der Ferse. (5, 6) Ziehen Sie das Bein zurück, und nehmen Sie wieder die Kampfstellung ein.

Erfolgstips:

Der gesprungene Hakentritt sollte sehr spontan ausgeführt werden. Um ihn effektvoll anwenden zu können, dürfen Sie auf keinen Fall durch unachtsame Bewegung Ihre Absichten erkennen lassen. Halten Sie Ihren Kopf wieder oben, um beim Landen ein stabileres Gleichgewicht zu garantieren.

1

4

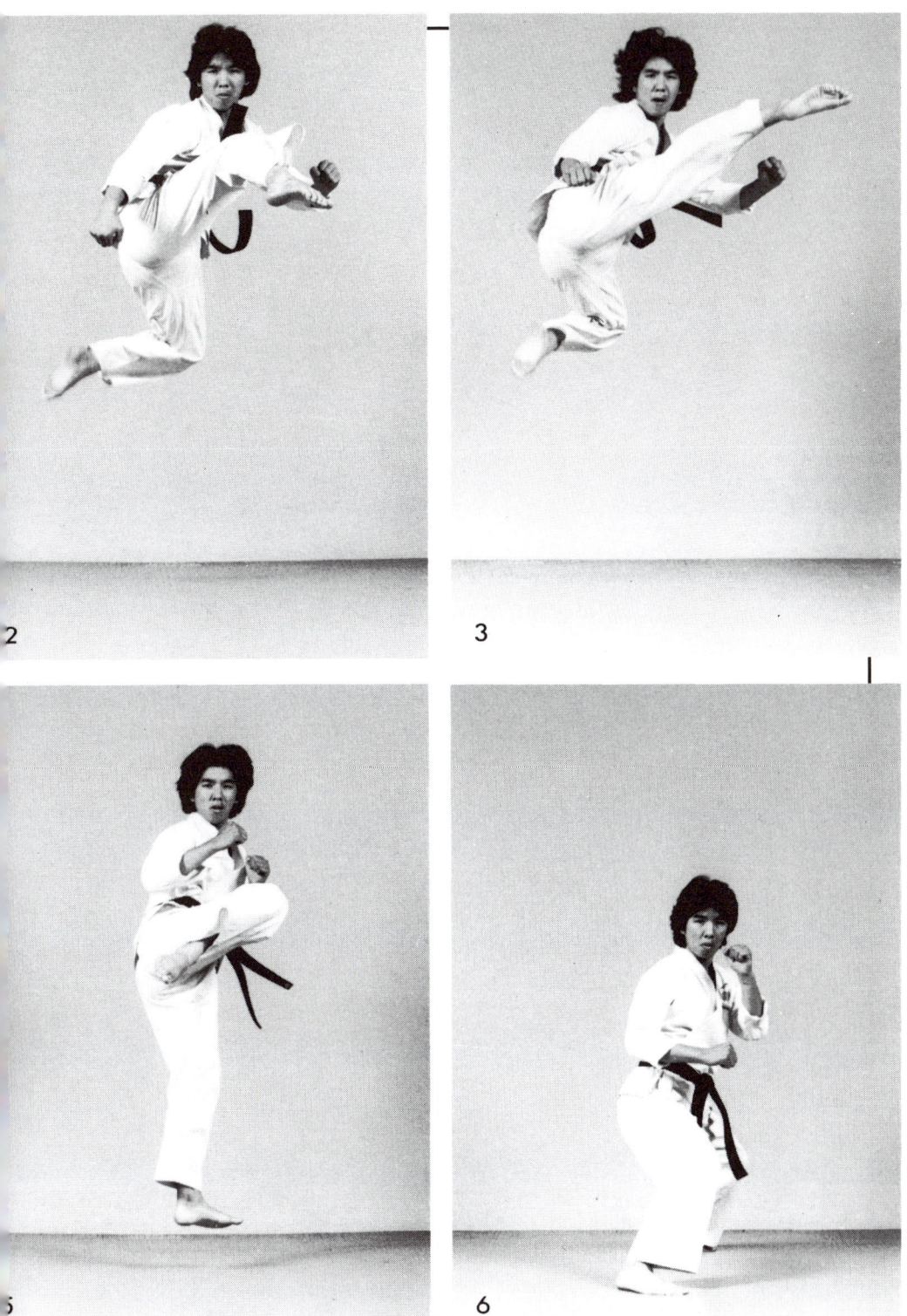

2

3

6

Tritte im Flug

Der Ausdruck „Tritte im Flug" bezieht sich auf gesprungene Tritte mit Anlauf. Der Anlauf erhöht auf kritische Weise die Notwendigkeit, die Technik der Tritte im Sprung zu vervollkommnen. Wenn bei Ihren Tritten im Sprung etwas falsch läuft, so rächt sich das umgehend in dieser Version mit Anlauf, und zwar aufgrund ihrer besonderen Eigenschaften: einer gesteigerten Höhe und einem gesteigerten Schwung. Vergewissern Sie sich also, daß Ihre Tritte im Sprung vom Absprung bis zur Landung ein hohes Maß an Perfektion besitzen.
Die Hilfestellungen, die in diesem Kapitel beschrieben werden, helfen sehr beim Erlernen der Tritte im Flug und verringern zudem das Verletzungsrisiko. Seien Sie wachsam und konzentriert. Alle Phasen dieser Technik müssen vollkommen sein.

Vorwärtstritt aus dem Flug

(1) Aus der Kampfstellung (2) machen Sie mit Ihrem hinteren Bein, dem Bein, mit dem Sie treten möchten, einen Schritt nach vorne. Dies ist der Anlauf. (3) Reißen Sie das andere Knie so hoch Sie können. Bevor dieses Knie wieder nach unten geht, stoßen Sie sich mit dem Trittbein vom Boden ab, und springen Sie in die Luft. (4) Während Sie sich in der Luft befinden, führen Sie den Vorwärtstritt aus. Angriffsfläche ist der Fußballen. (5) Ziehen Sie das Bein, mit dem Sie getreten haben, wieder zurück, (6) und landen Sie behutsam in der Kampfstellung.

Erfolgstips:

Bei diesem gesprungenen Vorwärtstritt können Sie natürlich mehrere Schritte Anlauf nehmen. Achten Sie jedoch darauf, daß die letzten beiden Schritte den hier gezeigten entsprechen. Halten Sie Ihren Rücken gerade und Ihren Kopf oben. Das bewahrt Ihr Gleichgewicht. Achten Sie beim Landen darauf, daß Sie zuerst mit den Fußballen aufkommen. Setzen Sie dann die Fersen auf. Die Fußballen dienen als eine Art Puffer gegen eine rauhe Landung.

1

4

Training für den Seitwärtstritt aus dem Flug (Hilfestellung)

An dieser Stelle wurden einige Trainingsmethoden eingeschoben, mit denen Sie Ihre Technik vervollkommnen und eine höhere Geschicklichkeit beim Springen erreichen können. Am Anfang kann Ihre Angst vor einer unsicheren Landung eine einwandfreie Ausführung Ihrer Seitwärtstrittechnik in der Luft beeinträchtigen. Die Hilfestellungsmethode gewöhnt Sie daran, auch in der Luft eine saubere Technik auszuführen. (1) Ihr Partner stellt sich hinter Sie. (2) Er hält Sie an der Taille, und Sie beugen als Vorbereitung zum Sprung beide Ihre Knie.

(3) Wenn Sie in die Luft springen und Ihre Hüften in die richtige Seitwärtstrittposition drehen, hebt Ihr Partner Sie hoch. (4) Am höchsten Punkt Ihres Sprungs führen Sie den Seitwärtstritt aus. Dank der Unterstützung Ihres Partners bleiben Sie einen Augenblick länger in der Luft, als Sie es ohne Hilfe tun würden. Dies erlaubt Ihnen, Ihre volle Aufmerksamkeit der korrekten Ausführung der Technik zu widmen und ein Gefühl für den Seitwärtstritt im Flug zu erlangen. Wenn Sie den Tritt dann selbständig ausführen, werden Sie sich sicherer fühlen.

3

4

Seitwärtstritt im Flug

(1) Aus der Kampfstellung (2, 3) nehmen Sie zwei Schritte Anlauf. Bereiten Sie beim zweiten Schritt Ihren Absprung vor, indem Sie das Sprungbein leicht gedreht aufsetzen. (4) Heben Sie beide Beine gleichzeitig hoch, und ziehen Sie Ihre Knie dicht an den Körper heran. (5) Führen Sie nun den Seitwärtstritt aus. Es gibt zwei Wege, den Seitwärtstritt im Flug auszuführen, einen mit herangezogenem und einen mit gestrecktem hinteren Bein. (6) Knicken Sie Ihr Trittbein wieder ein, (7) und landen Sie sanft in der Kampfstellung.

Erfolgstips:

Vor dem Tritt können Sie wieder mehrere Schritte Anlauf nehmen. Es muß nur gewährleistet sein, daß die letzten beiden Schritte vor dem Absprung den hier gezeigten entsprechen. Diese Trittechnik ist sehr schön und auch effektiv, wenn sie korrekt ausgeführt wird. Achten Sie darauf, daß Ihr Kopf zugunsten des Gleichgewichts beim Landen nach oben gewandt ist. Halten Sie während der gesamten Ausführung der Technik Ihre Augen auf das Ziel gerichtet. In der Luft zu treten ist schwierig, aber aufgestellte oder aufgehängte Ziele helfen, eine bessere Trittechnik zu entwickeln. Sie spornen auch zu höheren Tritten an, wenn sie nach und nach höher angesetzt werden.

1

3

6

Training für den Rückwärtstritt im Flug (Hilfestellung)

Die Übung erhöht Ihre Sprungfähigkeit und verleiht Ihnen ein Gefühl dafür, sich in der Luft zu befinden und zu treten. (1) Ihr Partner bückt sich und stützt sich mit den Händen auf seinen Knien ab. (2) Sie nehmen von einer Seite aus Anlauf. (3) Während Sie den unteren Rücken des Partners als Stütze benutzen, (4) springen Sie in die Luft, und Ihr Partner geht mit dem Oberkörper ein wenig nach oben, um Ihren Sprung zusätzlich zu fördern. (5) Führen Sie nun den Rückwärtstritt im Flug aus. Die Unterstützung Ihres Partners hält Sie länger in der Luft, erlaubt Ihnen, Ihre Bewegungen bewußter zu koordinieren und die anfängliche, durch die Drehung hervorgerufene Desorientierung zu überwinden. Sie bekommen das rechte Gefühl dafür, wie ein Rückwärtstritt aussehen sollte.

1

3

5

Rückwärtstritt im Flug

(1) Aus der Kampfstellung (2) bringen Sie Ihr hinteres Bein wie beim Halbkreistritt nach vorne und nach oben, mit der Ausnahme, (3) daß Sie es hier durchschwingen und den Schwung dazu benutzen, das andere Bein, das Trittbein, besser vom Boden abzustoßen. (4, 5) Drehen Sie bei der Ausführung des Rückwärtstritts den Körper schnell, und treffen Sie das Ziel mit der Ferse desselben Fußes, mit dem Sie vom Boden abgesprungen sind. (6) Knicken Sie Ihr Bein wieder ein. (7) Landen Sie wieder sanft in der Kampfstellung.

1

4

5

Drehtritt im Flug

(1) Beginnen Sie in der Kampfstellung. (2) Ziehen Sie Ihr hinteres Bein nach vorne und mit Kraft nach oben. Verleihen Sie Ihrem Körper einen zusätzlichen Ruck nach oben, wenn Sie sich mit dem anderen Fuß, dem Fuß, mit dem Sie treten möchten, vom Boden abstoßen. (4) Wenn Sie am höchsten Punkt Ihres Sprungs angelangt sind, drehen Sie Ihren Körper, um das vom Boden abgestoßene Bein im Kreisbogen nach oben und in den Hakentritt mit der Fußsohle zu bringen. (5) Der Schwung dieses Tritts ist so groß, daß er das Bein, mit dem Sie getreten haben, in seine ursprüngliche Startposition zurückbringen sollte, wenn Sie es zurückgezogen haben und landen.

Erfolgstips:
Dies ist ein sehr schwieriger Tritt, den Sie nicht ausprobieren sollten, bevor Sie nicht den Hakentritt und den Drehtritt perfekt beherrschen. Halten Sie wieder Ihren Kopf oben.

5

Kreisfußschlag nach innen im Flug

(1) Dieser Tritt beginnt in der Kranichstellung. (2) Wenn Sie Ihr erhobenes Bein auf dem Boden absetzen, (3) gehen Sie mit dem anderen Bein einen Schritt nach vorne in die sogenannte Reiterstellung. (4) Heben Sie dann sofort kräftig Ihr linkes Bein gerade hoch, um Ihrem Körper einen zusätzlichen Ruck nach oben zu verleihen, (5) wenn Sie sich mit dem rechten Bein, das den Kreisfußschlag ausführen wird, vom Boden abstoßen. (6) Schwingen Sie dieses Bein nun nach oben und herum, und treffen Sie das Ziel mit der Fußinnenseite. (7) Schwingen Sie das Bein weiter herum, (8) damit Ihr Körper in die ursprüngliche Reiterstellung zurückkehren kann.

5

8

Kreisfußschlag nach außen im Flug

(1) Beginnen Sie diese Technik in der sogenannten hohen Katzenstellung, bei der sich die Hände in der Position eines doppelten Handkantenblocks befinden. Diese Position können Sie auch abändern, die Fußstellung sollte jedoch beibehalten werden. (2) Setzen Sie Ihren vorderen Fuß weiter nach vorne, (3) und gehen Sie dann einen ganzen Schritt vor, wobei Sie beim Aufsetzen des Fußes Ihren Körper drehen. (4, 5) Drücken Sie sich mit diesem Fuß vom Boden ab, und ziehen Sie Ihr hinteres Bein mit Kraft nach oben. Dadurch verleihen Sie Ihrem Körper einen zusätzlichen Aufwärtsruck, während Sie sich weiter in der Luft drehen. (6) Führen

1

3

2

4

5

Fortsetzung S. 104

Sie den Kreisfußschlag nach außen mit Ihrem Sprungbein aus, (7) treffen Sie mit der Außenkante Ihres Fußes, (8) und klatschen Sie mit der Hand gegen den Fuß. (9, 10) Landen sie unmittelbar danach sanft, (11) und nehmen Sie die Kampfstellung ein.

Erfolgstips:

Es ist sehr schwierig, diesen Tritt zu erlernen, wenn Sie nicht zuvor die Basistritte eingeübt haben. Den Kreisfußschlag nach außen müssen Sie vorher in der Grundform perfekt beherrschen. Halten Sie auch Ihren Rücken gerade und den Kopf oben, um während des gesamten Tritts ein sicheres Gleichgewicht zu gewährleisten. Dieser Tritt muß in einer fließenden Bewegung ausgeführt werden, und es ist sogar noch schwieriger, ihn langsam durchzuführen. Der Schwung ist der Schlüssel zur perfekten Beherrschung dieses Tritts. Wenn Sie spüren, daß Sie sich ein wenig nach hinten bewegen, so ist das in Ordnung. Das gehört zu diesem Tritt.

6

9

8

0

11

Mehrfachtritte

Mehrfachtritte sind der letzte Baustein, der Ihnen zum Zusammenfügen des Systems der Trittechniken noch fehlt. Wie beim gesamten System steht auch hier das Gespür für die Techniken im Zentrum. Natürlich muß auch die ganze Basis vorhanden sein: das in den vorangegangenen Kapiteln beschriebene richtige Training, die richtige Einstellung, eine starke Kondition, gut durchtrainierte, gründlich gedehnte und aufgewärmte Muskeln. Sie selbst sind das Ergebnis Ihrer vorherigen harten Arbeit.

Die hohe Geschwindigkeit der Mehrfachtritte erfordert jedoch einen besonderen Geisteszustand, den wir „entspannte Intensität" nennen. Auf der einen Seite ist der Körper locker und aufgewärmt, und auf der anderen Seite ist der Verstand scharf und wachsam. In diesem Geisteszustand haben Sie ein Gefühl, als ob Ihr Körper im Begriff wäre, eine hohe Energiereserve, gepaart mit einer Prise Nervosität, aufzubauen. Sie sind mit dieser Nervosität vertraut, Sie wissen, daß sie Sie nicht aufhalten kann, und daß sie nur da ist, um Ihre Energie im Zaum zu halten.

Desweiteren müssen Sie sich selbst in Ihren Bewegungen als sehr schnell vorstellen. Jemand anderes würde Sie in dem Bild, das Sie sich von sich selbst machen, nur als verschwommenen Fleck erkennen. Sie müssen sich einreden, Sie seien schnell, bereits bevor Sie überhaupt schnell sein können.

Vorgetäuschter Vorwärtstritt und Halbkreisfußtritt

(1) Beginnen Sie in der Kampfstellung. (2) Ziehen Sie Ihr hinteres Knie nach vorne und nach oben, so daß Ihr Tritt als der Anfang eines Vorwärtstritts erscheint. (3) Strecken Sie Ihr Bein in einen halben Vorwärtstritt aus. (4) Ziehen Sie es unmittelbar danach zurück, und heben Sie es in die 45°-Hüftposition des Halbkreisfußtritts. (5) Führen Sie den Halbkreisfußtritt aus, (6) und knicken Sie das Bein wieder ein. (7) Setzen Sie es dann auf dem Boden ab.

Erfolgstips:

Bevor Sie diese Technik anwenden, greifen Sie Ihren Gegner zuerst mit ein paar Vorwärtstritten an. Dies vermittelt ihm den Eindruck, Sie seien ein typischer Vorwärtstrittkämpfer. Wenn Ihr Gegner zu blocken und zu kontern versucht, führen Sie den vorgetäuschten Vorwärtstritt aus und gehen mit dem Halbkreisfußtritt in die Höhe. Achten Sie stets darauf, den vorgetäuschten Vorwärtstritt nicht zu weit auszuführen, sondern nur so weit, daß Ihr Gegner reagiert.

1

4

5

3

7

Zweifacher Halbkreisfußtritt

(1) Beginnen Sie diesen Tritt wieder in der Kampfstellung. (2) Ziehen Sie Ihren hinteren Fuß an Ihren vorderen heran, und drehen Sie Ihre Hüften in die Position des Halbkreisfußtritts. (3) Führen Sie einen tiefen Halbkreisfußtritt gegen das Schienbein Ihres Gegners aus. (4) Ziehen Sie dann sofort Ihr Bein zurück, und drehen Sie Ihre Hüften für einen höheren Halbkreisfußtritt. (5, 6) Führen Sie diesen Halbkreisfußtritt zum Kopf des Gegners aus. (7) Knikken Sie Ihr Bein wieder ein, (8) und gehen Sie zurück in die Kampfstellung.

Erfolgstips:

Diese Technik erfordert wie alle Mehrfachtritte ein gutes Timing. Manchmal mögen Sie vielleicht einen Augenblick länger innehalten, bevor Sie den zweiten Tritt nach oben ausführen, oder ein schneller zweiter Tritt unten wäre in diesem besonderen Augenblick vielleicht effektiver. Wie dem auch sei, seien Sie vielseitig in der Wahl der Geschwindigkeit, mit der Sie treten, und variieren Sie je nach den Reaktionen des Gegners. Lassen Sie diesem Tritt wieder ein paar tiefe Halbkreisfußtritte vorausgehen, damit Ihr Gegner sich auf tiefe Tritte konzentriert, bevor Sie einen hohen Tritt bei ihm landen.

Seitwärtstritt und Hakentritt

(1) Aus der Kampfstellung (2) gleiten Sie in die Seitwärtstrittstellung, wobei das Bein in einem Winkel von 45° eingeknickt ist. (3) Treten Sie seitwärts auf mittlere Höhe, (4) knicken Sie das Bein, mit dem Sie getreten haben, wieder ein, (5) und führen Sie unmittelbar danach einen Hakentritt zum Kopf des Gegners aus. (6) Ziehen Sie das Bein zurück, (7) und nehmen Sie wieder die Kampfstellung ein.

Erfolgstips:

Dies ist eine besonders wirksame Kombination. Der Übergang von einem schnellen zu einem kräftigen Tritt macht besonders in der Form einen effektvollen Eindruck. Achten Sie darauf, von einem Tritt zum anderen den Ausgangswinkel zu ändern, um die Tritte wirkungsvoller zu gestalten, also vom hohen zum tiefen Tritt beziehungsweise umgekehrt zu wechseln. Das vergrößert die Verwirrung Ihres Gegners. Auch hier gilt: Eine Pause zwischen den Tritten erhöht manchmal den Erfolg der Technik.

Doppelter Seitwärtstritt

(1) Ziehen Sie aus der Kampfstellung (2) Ihren hinteren Fuß unmittelbar an den vorderen heran, (3) und winkeln Sie Ihr vorderes Bein zur Seitwärtstrittstellung an. (4) Führen Sie einen tiefen Seitwärtstritt zu den Beinen Ihres Gegners aus. (5) Ziehen Sie das Bein, mit dem Sie getreten haben, schnell wieder heran, (6) und führen Sie unmittelbar danach einen hohen Seitwärtstritt aus. Treten Sie so hoch Sie können. (7) Winkeln Sie das Bein, mit dem Sie getreten haben, an, (8) und nehmen Sie wieder die Kampfstellung ein.

Erfolgstips:

Der doppelte Seitwärtstritt ist im Straßenkampf besonders wirkungsvoll. Denken Sie daran, daß die wichtigste Eigenschaft jeder doppelten Trittechnik darin besteht, die einzelnen Tritte deutlich voneinander zu unterscheiden. Wenn Sie wissen, daß Sie beim zweiten Tritt nicht gerade nach oben treten können, dann setzen Sie Ihren ersten Tritt tief genug an, so daß Ihr folgender hoher Tritt sichtlich höher erscheint. Diesem plötzlichen Wechsel des Zielpunkts am Körper Ihres Gegners ist schwerlich etwas entgegenzusetzen, und er erhöht die Wirksamkeit dieser Doppeltechnik.

5

8

Dreifacher Seitwärtstritt

(1) Aus der Kampfstellung (2) beginnen Sie des Schwungs wegen mit einem Hüpfschritt. (3) Winkeln Sie Ihr Bein für den kommenden Seitwärtstritt an. (4) Führen Sie einen tiefen Seitwärtstritt zum Bein des Gegners aus. (5) Ziehen Sie Ihr Bein in einen 45°-Winkel zurück,

1

3

5

Fortsetzung S. 118

(6) und fahren Sie mit einem Seitwärtstritt auf mittlerer Höhe fort. (7) Ziehen Sie Ihr Bein wieder zurück. (8) Beenden Sie die Trittfolge mit einem hohen Seitwärtstritt zum Kopf des Gegners. (9) Ziehen Sie das Bein zurück, (10) und nehmen Sie wieder die Kampfstellung ein.

Erfolgstips:

Denken Sie daran, daß sich die Angriffswinkel alle voneinander unterscheiden müssen. Diese Technik ist sehr wirkungsvoll, wenn sie schnell ausgeführt wird, und manchmal können Sie die Reihenfolge der Tritte ändern. Sie können tief – auf mittlerer Höhe – hoch, hoch – auf mittlerer Höhe – tief oder auf mittlerer Höhe – hoch – tief etc. treten. Beim hohen Tritt können Sie sich zurücklehnen, aber achten Sie darauf, daß sich Ihr Kopf oben und nach vorne gerichtet befindet, damit Sie nicht fallen.

6

8

7

10

119

Vorwärtstritt mit Handschlag

Diese Technik hilft Ihnen, Hände und Füße zu koordinieren sowie die Fähigkeit zu entwickeln, Ihre optimale Trittdistanz in bezug auf Hände und Füße besser einzuschätzen. Dies gilt insbesondere für Kombinationen von Tritten und Fauststößen. (1) Beginnen Sie in der Grundstellung mit geschlossenen Füßen. (2) Setzen Sie Ihren Fuß einen Schritt nach vorne, und heben Sie die Hand derselben Körperseite in einer Bewegung über den Kopf, die in etwa dem Rückenschwimmen gleicht. (3) Führen Sie den Arm in einem Kreisbogen nach hinten, während Sie mit dem anderen Bein einen Schritt nach vorne gehen, und heben Sie die andere Hand auf dieselbe Weise wie die erste. (4) Behalten Sie die erhobene Hand über dem Kopf, und führen Sie die andere Hand weiter in einem Kreisbogen von hinten nach oben, bis sie neben der erhobenen Hand angelangt ist. (5) Führen Sie mit Ihrem vorderen Bein eine Vorwärtsstreckung aus, wobei Sie mit Ihren Händen auf den Fuß schlagen. (6–8) Setzen Sie Ihr Trittbein im Vorwärtsschreiten in der hohen Katzenstellung ab.

Erfolgstips:

Vergessen Sie beim Vorwärtsgehen nicht die Rückenschwimmbewegung des Arms, der sich an derselben Körperseite wie das voranschreitende Bein befindet. Außerdem ist Ihre

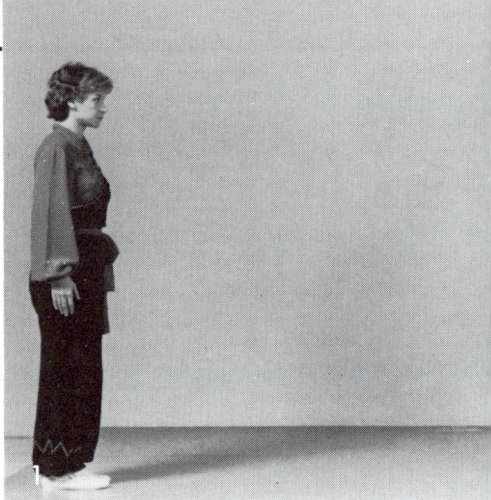

Technik richtig, wenn Ihre Hüften nach vorne zeigen und nicht gedreht sind, die Ferse Ihres hinteren Fußes sich immer auf dem Boden befindet und Ihr Rücken gerade und nicht gekrümmt ist. Wenn Sie dies beherzigen, werden Ihre Mehrfachtritte merklich besser.

Vorwärtstritt, Seitwärtstritt und Fauststoß

(1) Beginnen Sie in der sogenannten Pfeil-und-Bogen-Stellung, linkes Bein vorne, Fauststoß mit rechts. (2, 3) Während Sie mit Ihrem rechten hinteren Bein einen Vorwärtstritt ausführen, führen Sie gleichzeitig mit dem linken Arm einen geraden Fauststoß durch. (4, 5) Ziehen Sie das Bein, mit dem Sie getreten haben, in die Seitwärtstrittstellung zurück. (6) Führen Sie den Seitwärtstritt aus, und führen Sie gleichzeitig mit dem Arm, der sich auf derselben Körperseite wie das Trittbein befindet, einen geraden Fauststoß durch. (7) Ziehen Sie Ihr Bein wieder heran, (8) setzen Sie es zurück, und nehmen Sie die Kampfstellung ein.

Erfolgstips:

Dies ist eine hervorragende Technik für eine Form. Sie ist sehr schön anzusehen und angenehm auszuführen. Am Anfang ist das richtige Timing von Hand- und Fußtechniken bisweilen problematisch. Der Vorwärtstritt mit Handschlag hilft jedoch, diese Koordination zu realisieren. Wichtig ist, daß Ihre Fauststöße genau zeitgleich mit Ihren Tritten landen müssen.

5

8

Mehrfachhalbkreisfußtritt

Dieser Tritt ist eine Technik, die ursprünglich für Formenwettkämpfe erdacht wurde. (1) Aus der Kampfstellung bringen Sie Ihr Bein nach oben (2) und winkeln es zur Halbkreistrittstellung an. Die Technik sieht vor, von einem Halbkreistritt zum anderen überzugehen. (3) Führen Sie einen hohen Halbkreistritt aus, (4) und während Sie das Bein, mit dem Sie getreten haben, wieder anwinkeln, drehen Sie sich leicht auf Ihrem Fußballen. (5) Führen Sie einen weiteren hohen Halbkreisfußtritt aus, (6–16) und wiederholen

5

7　　　　　　　　　　8

Fortsetzung S. 126　　125

Sie einen Halbkreistritt nach dem anderen, während Sie immer wieder auf dem Fußballen Ihren Körper drehen. Landen Sie Ihre Tritte schnell, während Sie sich unaufhörlich im Kreis bewegen. Vielleicht möchten Sie noch mehr Tritte schaffen, aber bei diesen Trainingstritten sind bei fünf bis zehn Körperdrehungen insgesamt zwischen 30 und 55 Tritte vorgesehen, bevor Sie den Fuß wieder auf den Boden setzen. Diese Übung dient in hervorragender Weise dem Aufbau von Kondition und Kraft im Musculus quadrizeps femoris und erhöht so die Trittenergie. Viel Glück und viel Erfolg!

Der FALKEN Verlag bietet zu den asiatischen Kampfsportarten eine reichhaltige Bibliothek an. Bitte fragen Sie Ihren Buchhändler.

Die Deutsche Bibliothek – CIP Einheitsaufnahme

Dynamische Tritte in Perfektion / George Chung; Cynthia Rothrock.
Übers. von Till Louis Schreiber und Maurice Schreiber. –
Niedernhausen/Ts. : FALKEN, 1996
  Einheitsacht.: Advanced dynamic kicks <dt.>
  ISBN 3-8068-1683-2
NE: Chung, George; Rothrock, Cynthia; Schreiber, Till Louis [Übers.]; EST

ISBN 3 8068 1683 2

Umschlaggestaltung: Andreas Jacobsen
Redaktion: Stephan Faust, Jürgen Knöppler

Die Ratschläge in diesem Buch sind von den Autoren und vom Verlag sorgfältig erwogen und geprüft, dennoch kann eine Garantie nicht übernommen werden. Eine Haftung der Autoren bzw. des Verlags und seiner Beauftragten für Personen-, Sach- und Vermögensschäden ist ausgeschlossen.

Satz: FROMM MediaDesign GmbH, Selters/Ts.
Druck: Neuwieder Verlagsgesellschaft mbH, Neuwied

817 2635 4453 6271